O Cristo Oculto

Mistérios Angélicos

Ted Andrews

O Cristo Oculto

Mistérios Angélicos

Ilustrações
CONSTANCE HILL

Tradução
ZILDA HUTCHINSON SCHILD SILVA

EDITORA PENSAMENTO
São Paulo

Edição	Ano
1-2-3-4-5-6-7-8-9	97-98-99-00

Direitos de tradução para a língua portuguesa
adquiridos com exclusividade pela
EDITORA PENSAMENTO LTDA.
Rua Dr. Mário Vicente, 374 – 04270-000 – São Paulo, SP – Fone: 272-1399
E-MAIL: pensamento@snet.com.br
http://www.pensamento-cultrix.com.br
que se reserva a propriedade literária desta tradução.

Impresso em nossas oficinas gráficas.

Dedicatória

A Mardell e Clyde Wilson com amor
e àquele que não tinha malícia.

Sumário

Como Dar à Luz a "Criança Divina Interior"

Este livro contém rituais e meditações que fazem parte das tradições dos povos antigos e das suas celebrações de mudança das estações — aqueles tempos em que o véu entre os planos físico e espiritual era mais tênue.

Você também descobrirá meios de entrar em contato com as Hierarquias Angélicas e de entender as doze leis da manifestação, base esotérica da astrologia e das técnicas de cura.

O Cristo Oculto revela o papel desempenhado pelos fenômenos psíquicos e pelas ciências metafísicas na fundação dos Verdadeiros Mistérios de Cristo. Também revela que o Feminino Divino é a chave para se compreender os ensinamentos esotéricos das escrituras e para se analisar o misticismo, o poder e o Divino em nível pessoal.

Equilibre e desperte o seu corpo e o seu espírito com os exercícios espirituais e com as meditações que seguem o ciclo sazonal das energias masculinas e o ciclo mensal das energias femininas. Por meio da união ritual dos sete mistérios iniciáticos femininos com os sete mistérios iniciáticos masculinos você começará a viver um renascimento cósmico — o nascimento da "Criança Divina Interior".

Introdução

O LADO OCULTO DO CRISTIANISMO

O ocultismo é a busca do oculto. É a busca da divindade oculta na humanidade, no planeta, no sistema solar e no próprio cosmos. É a busca da causa, do significado e da importância de todos os aspectos da vida. Ele não se limita a um campo particular de estudo ou do conhecimento humano.

"Oculto" é uma palavra de seis letras, derivada do grego, e significa "secreto". Na metafísica refere-se ao conhecimento secreto das verdades de Deus e da vida. Trata-se de um conhecimento oculto — conhecimento negado à maioria das pessoas durante certo tempo.

Há os que acreditam que ele é "oculto" porque Deus não quer que a humanidade o descubra. Se fosse verdade, a eletricidade, a matemática e até mesmo o alfabeto seriam considerados "pecaminosos", visto que certa vez foram ocultos e secretos. Só muito poucos entendem plenamente a eletricidade, contudo esses poucos nunca negariam sua existência ou utilidade. Temos que encarar a metafísica e o estudo acerca de nós mesmos e da nossa vida da mesma maneira.

Muitas pessoas têm medo de explorar ou de se abrir ao que é diferente ou ao que não faz parte do senso comum. Muitas mais ainda se recusam a considerar a possibilidade de seus sistemas de crença encerrarem ensinamentos secretos — ensinamentos que não são os normalmente aceitos. É uma pena que o termo tenha adquirido uma conotação tão negativa, pois o que é de fato secreto está oculto apenas porque a humanidade se recusa a ter a disciplina e a dedicação necessárias para descobri-lo. As coisas apenas estão "ocultas" até que alguém as use para o benefício da humanidade — até que se tornem conhecidas.

Isso é especialmente verdadeiro quando se trata dos ensinamentos secretos do nosso sistema de crenças — da nossa religião pessoal. Todas as religiões, todos os sistemas de mistérios e todas as filosofias metafísicas nada mais são do que sistemas de suporte que servem para estabilizar e apoiar a mente e a consciência das pessoas, até que elas estejam preparadas para a evolução maior — para sair e explorar os aspectos mais profundos e ocultos da vida divina.

Em todas as pessoas, as qualidades essenciais para acelerar o crescimento e a evolução espiritual são inatas, e, no entanto, mesmo que sejam reconhecidas, a maioria das pessoas precisa de um sistema para liberar essas qualidades. Esse sistema deveria contribuir para aumentar a compreensão. Deveria ser um sistema que se adaptasse ao indivíduo, permitindo que ele despertasse e sentisse as forças divinas sem ser esmagado durante o processo. Essa era a missão das antigas escolas de mistérios e deveria ser a missão do Cristianismo. Como veremos, o Cristianismo destinava-se a ser uma escola de mistérios moderna.

"Em todas as eras e entre todas as raças sempre existiu uma tradição, relativa a certas escolas esotéricas ou a fraternidades, nas quais se ensinava uma sabedoria secreta, desconhecida do povo em geral. Para se obter admissão em uma dessas escolas, era preciso passar por uma iniciação, na qual provas e rituais cumpriam seu papel. Atualmente, nos centros do mundo civilizado, essa crença ainda está viva, embora seja ridicularizada pelos de mentalidade ortodoxa. Um observador sem preconceitos não deixará de notar que, entre os advogados dessa crença, estão alguns dos homens mais célebres, cuja inteligência criativa superior tem, quase sem exceção, testemunhado a existência de uma fonte de inspiração no invisível..."[1]

O verdadeiro Cristianismo tem uma origem oculta com a qual poucos estão familiarizados. O Cristianismo Oculto diz respeito à sabedoria e ao conhecimento secretos — o conhecimento espiritual secreto — do Cristo, o maior e mais elevado ser Arcangélico Solar. Trata-se do conhecimento mencionado na passagem bíblica: "Então os discípulos se acercaram Dele e perguntaram: 'Por que motivo falas com eles em parábolas?' 'Porque a vós, respondeu-lhes, é dado conhecer os mistérios do reino dos Céus, mas não a eles.' " (Mateus 13:10-13).

Em todas as sociedades, os antigos ensinamentos se ocultavam por trás de alegorias e de símbolos, de tal modo que cada pessoa pudesse captar dele aquilo que fosse capaz de entender. Cada pessoa tinha a oportunidade e a responsabilidade de descobrir o significado do ensinamento à medida que este se relacionasse consigo mesma — e de continuar a partir desse ponto.

Esse ensinamento cifrado era usado na maioria dos sistemas de mistérios antigos. Essa é a razão pela qual a maior parte dos mestres e dos iniciados era perita em mitos, em contos e conhecia profundamente o poder das palavras. Eles aprendiam a elaborar e a usar contos para velar os mistérios mais profundos, impedindo-os de serem profanados e, ao mesmo tempo, revelando-os àqueles que estivessem qualificados para entendê-los. As parábolas e as alegorias eram instrumentos comuns de ensino. Eles ocultavam verdades profundas do antigo misticismo universal, muitas vezes à guisa de apresentar verdades morais de uma maneira compreensível. A mais sutil das parábolas cifradas tem sete interpretações possíveis, sendo a sétima a mais completa. As outras seis só revelavam parte do mistério oculto.

Grande parte da informação relativa ao ensino cifrado chegou até nós por meio das tradições bárdicas, comuns à maioria das principais sociedades. Os iniciados gregos aprendiam uma obra literária em profundidade, e tinham de aprender a transmiti-la por meio de instrumentos musicais. Os poetas irlandeses e os bardos estudaram sua obra durante quinze anos (junto

---

1. Fortune, Dion, *The Esoteric Orders and Their Work* (Northamptonshire, Aquarian Press, 1982), p. ix.

com outras ciências ocultas como a filosofia, a astronomia, a magia...) e tinham que conhecer profundamente 250 contos e parábolas que deram origem a mais de uma centena de variações. Os Shanachies irlandeses ocultavam seus mistérios nos contos históricos. Os cantores navajos recitavam as histórias da criação, que levavam de dois a três dias para terminar.[2] Toda cerimônia tinha seu respectivo conto que, simultaneamente, ocultava e revelava os mistérios do povo. Quer fossem os Ollahms e Shanachies irlandeses, os Griots africanos, os Skalds noruegueses, os Meistersingers alemães, os Troubadours franceses, os Gleemen anglo-saxões, os Minstrels normandos ou qualquer outro iniciado nos mistérios, o uso do conto, do mito e da alegoria, para ensinar e para sensibilizar as pessoas na medida que mais as beneficiasse, era um costume em todos os sistemas antigos de mistérios. O Cristianismo não foi exceção, como evidenciam as parábolas que chegaram até nós por meio das escrituras.

O Cristianismo moderno não corresponde, em vários aspectos, aos seus ensinamentos originais. Isso se deve, em grande parte, às numerosas interpretações e reformulações por que ele passou nos últimos vinte séculos. Temos de começar a entender que toda tradição popular tem o seu quinhão de verdade, mas que essas verdades, em geral, estão distorcidas. As generalidades podem estar corretas, mas os detalhes podem não ser exatos. Também é preciso lembrar que cada um de nós deve analisar os ensinamentos. Quando eles estão em forma de história, não só devemos observar os aspectos históricos, mas também lembrar que cada mito, história e parábola tem um significado e uma integridade próprios, os quais somente a alma humana é capaz de captar.

O Cristianismo Oculto é uma tentativa de restaurar a coerência e a cosmologia míticas da nossa vida e do universo. Ele nos dá a oportunidade de viver um misticismo, poder e responsabilidade interiores, que nos conecta a todas as épocas e lugares. A teologia cristã moderna tornou-se muito racionalista e insensível ao toque da alma humana. Estamos nos aproximando de um tempo em que será necessário trazer os ensinamentos

---

2. Yolen, Jane, *Favorite Folktales from Around the World* (Nova York, Pantheon Books, 1986), pp. 11-12.

ocultos do Cristianismo à luz de um novo entendimento e sabedoria — a uma nova experiência do Gnosticismo Cristão.

Este livro não é uma tentativa de examinar todos os aspectos do ensinamento oculto do Cristianismo. Nem pretende interpretar o Cristianismo a partir da perspectiva estritamente histórica ou da religião ortodoxa. Isso não poderia ser feito em um único trabalho. Também não é nossa intenção confundir e abalar a fé das comunidades ortodoxas cristãs. Em vez disso, é uma tentativa de mostrar o alcance do ocultismo cristão à medida que ele afeta cada pessoa deste planeta. Trata-se de uma tentativa de restaurar a coerência entre a experiência individual da religiosidade e a vida divina do universo. É também uma tentativa de demonstrar como o indivíduo pode usar a época das mudanças de estação, períodos em que os véus entre os planos físico e espiritual são mais tênues, para começar um processo de iniciação individual que devolverá a verdadeira gnose ou conhecimento da importância dos Mistérios Crísticos para todas as vidas neste planeta.

Os teólogos talvez zombem. Os tradicionalistas rígidos talvez se ofendam, porém a verdadeira gnose é um tipo especial de conhecimento — é um conhecimento que tem em seu âmago a transformação pessoal por meio da experiência. A Gnose Cristã é a qualidade de conhecer o que está oculto na doutrina. Trata-se de um conhecimento que não é encontrado por meio das tradições da ciência ou da religião. Ele exige e requer uma experiência original — uma "experiência de fonte", como a define Carl Jung. Requer um despertar para o mundo das sombras e um despertar das energias transcendentais do coração. Exige que aprendamos a andar pela estrada das sombras onde mora o conhecimento secreto da alma.

Essa é a busca do Gnosticismo Oculto Cristão. Pode significar ir contra o mundo e contra o que é considerado razoável. Significa descobrir que o improvável está fora do nosso alcance. Significa abrir-se à sabedoria divina e depois vivenciá-la diretamente, sem se perder dentro dela.

O Cristianismo Oculto devolve a responsabilidade pelo crescimento espiritual da humanidade ao lugar que lhe cabe. Não às mãos do sacerdote, do ministro ou do pregador — mas às mãos do *indivíduo*. É aí que está a excitação, a alegria e a aventura da vida humana. O poder e o prazer de evoluir exige novo conhecimento, novas percepções, nova honestidade e novo sacrifício, que testarão a nossa maturidade. "Os ensinamentos das escolas de Ocultismo se destinam a formar o adepto, um ser humano que, pela prática intensiva, se elevou acima do desenvolvimento médio da humanidade e se dedicou ao serviço de Deus."[3]

O Ocultismo coloca a religião na base da experiência — e não da fé cega ou da sintonização de outras pessoas. Trata-se da busca pela verdade e pela iluminação, e essas se refletem em muitas coisas. Elas podem ser encontradas em muitos lugares. A verdade é sempre a verdade, quer se reflita no tarô ou seja encontrada na Bíblia. A descoberta da verdade pode ser inspirada pelo Alcorão ou revelada nos Upanixades. O Ocultismo remove a venda de superstição que cega a humanidade. Ele nos devolve a oportunidade de crescer. Ele nos devolve o Cristianismo que merecemos. Não há nada de errado em ser um Cristão ocultista. De fato, isso é ser mais do que Cristão. É ser o Cristo Humano evoluindo!

"Quem traz uma lâmpada para colocá-la debaixo do alqueire ou de uma cama? Não a traz, ao invés, para colocá-la no candelabro? Pois, nada há de oculto que não venha a se manifestar, e nada em segredo que não venha à luz do dia. Se alguém tem ouvidos para ouvir, que ouça!"

(Marcos 4:21-23)

---

3. Fortune, p. xii.

PRIMEIRA PARTE

O CRISTO OCULTO

"Mais além está o Sol e a Verdade é o Seu fogo!"

Hino védico

"O verdadeiro Cristianismo esotérico ainda não foi ensinado ao público em geral, nem o será enquanto a humanidade não tiver ultrapassado o atual estágio materialista e não tiver se tornado apta a recebê-lo."

Max Heindel
The Rosicrucian Cosmo-Conception

"Ele estava no mundo, e o mundo foi feito por ele, mas o mundo não o reconheceu."

João 1:10

Capítulo Um

A GRANDE OBRA

"Antes que Abraão nascesse, *Eu Sou*."
João 8:58

"Sempre podemos buscar cada vez mais fundo o mistério da Palestina, pois por trás dele está... o infinito!"

Rudolph Steiner

Se a metafísica e o ocultismo ensinam algo à humanidade, esse ensinamento deve ser que tudo está interligado e relacionado. Deve nos ensinar que há processos em curso além do que é ostensivamente visível — processos que unem e entrelaçam toda a vida através do tempo e do espaço. Nada é insignificante em nossa vida. Tudo tem importância e, embora nem sempre os laços sejam visíveis, eles podem ser descobertos por aqueles que estiverem dispostos a manter a disciplina e a dedicação.

Nossas ligações com as energias vitais dos outros vão muito mais longe do que a nossa família biológica imediata, e muito embora a sociedade separe os indivíduos conforme sua raça, seu sexo, seu credo, sua política e assim por diante, os estudiosos do ocultismo trabalham para romper esses muros de separação. Eles se esforçam para ver que tudo está interligado e que todas as ações afetam tudo o que existe no planeta e toda a vida no universo. Esses efeitos parecem mínimos ou até mesmo inexistentes para muitas pessoas, mas é tarefa do discípulo da "Nova Era" ampliar a consciência coletiva para a importância de tudo e de cada um em todos os tempos. Isso é que leva à verdadeira responsabilidade espiritual.

À medida que nos tornamos conscientes das correspondências e das ligações entre todos os aspectos da nossa vida — passados e presentes, físicos e espirituais — podemos aprender a usar nossos muitos potenciais e energias de forma mais consciente, a fim de recriarmos a nossa vida. Aprendemos a nos tornar *a causa* — a causa da beleza, da bondade e da verdade. Aprendemos a sintonizar a nossa energia com as leis e com os propósitos do divino. Aderimos ao infinito.

Todas as lições, ensinamentos e mistérios da vida se desenvolvem no curso natural da nossa existência. Não conquistamos uma consciência e espiritualidade mais elevadas através da compreensão das circunstâncias que encontramos na nossa vida cotidiana. Aprender a olhar a vida de uma perspectiva universal, em vez de a partir de uma perspectiva, é o que ajuda a desenvolver o potencial que está em cada um de nós. Como estudiosos dos Mistérios, a nossa missão é reconhecer essas relações e então começar o processo de criação de novas relações que estejam mais em sintonia com o divino.

O objetivo básico deste livro é começar esse processo de revelação dos processos cósmicos do qual participamos. Independentemente de crenças pessoais ou de convicções religiosas, há um processo cósmico comum operando em nossa vida, quer estejamos conscientes ou não desse fato. É muito importante entender isso. Existem leis da natureza e do espírito, e elas atuam em todos os momentos da nossa vida. O ensino dessas leis é a espinha dorsal de todas as antigas escolas de mistério e da maioria das principais religiões. Esse ensino foi melhor expresso por meio de um axioma que nos chegou por meio dos Oráculos Délficos: *Vocatus atque non vocatus Deus aderit* (Invocado ou não, Deus estará presente).

O Cristianismo devia ser um sistema de mistérios modernos. Parte do seu propósito era tomar aqueles mistérios ocultos, que estavam exclusivamente nas mãos de alguns grupos seletos e apresentá-los a toda a humanidade. A expressão "trazer o evangelho do reino do Céu" correspondente à apresentação dos mistérios ao alcance da humanidade. Infelizmente, muitos desses ensinamentos dos mistérios do Cristianismo primitivo foram censurados, editados e apagados, mas não se perderam. Eles ainda podem ser descobertos por qualquer pessoa com um pouco de esforço e dedicação, por qualquer pessoa que se dedique ao estudo desses ensinamentos.

O processo de desvelar os mistérios ocultos do Cristianismo começa com a observação dos acontecimentos daquela época a partir de uma perspectiva universal, em vez de histórica. Sim, tratou-se de um evento histórico, contudo essa era apenas uma faceta de um magnífico processo cósmico iniciado eras antes. É esse processo cósmico que iremos analisar neste capítulo e que será estudado minuciosamente ao longo de todo o livro. Começaremos a ver as correspondências — o significado oculto — dos fatos que têm influenciado a maioria de nós no planeta sem que tenhamos consciência disso. Parafraseando o Oráculo Délfico citado anteriormente: "Quer tenhamos ou não consciência disso, esse processo divino está em curso."

Atualmente muitos estão desiludidos com o Cristianismo moderno. Ele não preenche nossas necessidades espirituais. Ele ainda se apega à idéia de "aceitar pela fé cega" aquilo que não pode ser compreendido ou não é explicado pelos seus líderes religiosos. O líder da Igreja se tornou o foco em vez de a essência espiritual por trás dela. A Igreja se estabeleceu como se fosse a vida do povo, quando as pessoas é que são verdadeiramente a vida de qualquer igreja. Foi Santo Agostinho quem proclamou que a fé na Igreja oficial deveria tomar o lugar de tudo o mais, e assim o processo da iniciação individual nos mistérios esotéricos do Cristianismo foi suprimido. Portanto, de muitas formas, a Igreja Cristã moderna deixa de nos unir e reunir pessoalmente com os aspectos divinos e cósmicos do universo. Ela limita nossas perspectivas e nossa capacidade de sentir diretamente o divino. Embora inicialmente possa parecer contrário ao Cristianismo tradicional, o propósito desta obra é aumentar o entendimento e a reverência com relação à teologia cristã mais ortodoxa e histórica.

Abordaremos o Cristianismo da perspectiva de uma escola de mistérios, designada a nos assistir no processo do desenvolvimento do nosso potencial mais elevado e a nos ensinar os Mistérios de Cristo. Como tal, nossa abordagem exercerá uma variedade de funções:

1. Mostrar que os Mistérios de Cristo destinavam-se a iniciar uma mudança de orientação e de impulso vital em toda a humanidade e demonstrar como essa mudança está ligada a toda a evolução planetária do passado, do presente e do futuro.

2. Analisar os processos postos em movimento para tirar os mistérios das leis espirituais e naturais das mãos dos privilegiados e selecionados, e torná-los acessíveis a todos.

3. Mostrar como os aspectos históricos do ministério de Cristo eram uma analogia dinâmica dos antigos mistérios. Estes eram representados no palco da vida, de tal modo que, ao tomar conhecimento dos fatos principais, a pessoa tinha a chave para abrir esses mistérios. Historicamente, trata-se de uma representação, através da vida de Jesus, daquilo que só fora representado antes nos Rituais de Iniciação das Escolas de Mistérios.

4. Mostrar que os Mistérios de Cristo deviam restaurar o equilíbrio das energias masculina e feminina no planeta, no ser humano e na sociedade.

5. Revelar a importância oculta dos principais fatos e pessoas na vida histórica do mestre a quem chamamos Jesus.

6. Mostrar o ciclo contínuo das energias de Cristo na medida em que elas atingem e afetam toda a humanidade e a vida sobre este planeta de acordo com a mudança das estações.

7. Apresentar os rituais das estações, que podem ser usados para acessar e manifestar, de modo mais poderoso e ativo, as energias de Cristo, de forma a nos abrir para estados mais elevados de consciência.

8. Revelar o Cristo Cósmico como o Arcanjo Solar e a hierarquia angélica que trabalha com e através do Cristo para ajudar toda a humanidade no processo de evolução, juntamente com modos dinâmicos de invocar e de ampliar sua ajuda durante o ano.

9. Revelar os preparativos para a encarnação do Cristo, através daquele que conhecemos como Jesus, e sua importância e efeito sobre todos os que estão destinados a fazer parte da "Era de Aquário".

10. Revelar muitas das doutrinas secretas do verdadeiro Cristianismo, como ainda são encontradas nos textos modernos das escrituras e sua associação com os antigos ensinamentos dos mistérios. Revelar que o entendimento do significado oculto dessas doutrinas é a chave para a realização da "Grande Obra" na vida de cada um de nós.

A GRANDE OBRA NO PASSADO E NA NOVA ERA

A "Grande Obra" com freqüência é definida como o processo de tornar-se mais do que humano. Requer dedicação integral no sentido de superar os desequilíbrios, as fraquezas e as limitações, enquanto se desenvolvem os potenciais interiores e a abertura para a consciência superior. Trata-se de nos voltarmos para o nosso crescimento e desenvolvimento, purificação e consagração. Envolve a aquisição do autoconhecimento, do autodomínio e da auto-realização.

Em todas as antigas tradições há referências aos procedimentos implícitos nesse processo. Dentro de todas elas há laços comuns. Todas elas exigem o estudo da humanidade em todos os aspectos. Em todas era preciso um esforço consciente rumo ao melhor desempenho. Elas levavam à compreensão da perfeição máxima da humanidade. Todas elas implicavam uma disciplina espiritual que visava alterar, transformar e expandir a consciência humana. Elas transmitiam uma filosofia de vida que permitia aos seus adeptos viver de acordo com o mais alto grau de consciência, mesmo enquanto estavam no mundo físico.

Essa grande obra muitas vezes era dividida em três categorias. Elas são mencionadas com mais freqüência como os mistérios menores, maiores e supremos da tradição. Grande parte do ensino desses mistérios era feito por meio de alegorias e parábolas, para que as pessoas pudessem interpretá-las de acordo com o seu próprio nível e assim aprender a extrair dela um significado cada vez mais profundo.

Os mistérios menores geralmente se relacionavam com as lições sobre ética e sobre comportamento, abrangendo as outras pessoas e o nosso relacionamento com elas. Eles diziam respeito ao desenvolvimento e à evolução da personalidade. Muitas vezes são mencionados como o nível do buscador, o nível de quem está buscando por algo mais além do que é encontrado no plano físico. Esses mistérios compreendem um teste de bom caráter, e os ensinamentos necessários para manter mente e corpo sadios, juntamente com o controle dos instintos e das paixões.

Os mistérios maiores habitualmente levam ao desenvolvimento da nossa individualidade e as nossas diferentes energias criativas. Eles promovem um avanço da visão psíquica para a introvisão espiritual. O foco começa a mudar, passando do exterior para o interior. Geralmente, o aprendiz passa por períodos probatórios em que é testada a sua dedicação aos princípios mais elevados. Há contato com a doutrina mais elevada e há uma dedicação maior. Trata-se de uma dedicação que não leva à negligência do físico, pois é pelo nosso trabalho no plano físico que podemos aprender a usar nossos ensinamentos. Trata-se do entendimento de que as nossas responsabilidades e os deveres do plano físico têm precedência sobre o nosso "trabalho pessoal nos mistérios". Primeiro temos de atender as nossas responsabilidades e obrigações com o eu e com os outros. É isso o que demonstra a nossa dedicação ao mais elevado.

Esse tipo de dedicação é citado com bastante freqüência na escritura cristã. "Dai a César o que é de César e a Deus o que é de Deus" é uma referência das mais fortes (Marcos 12:17). Há muitas referências sobre a melhor maneira de chegarmos "ao reino do céu". A maioria tem um significado exterior, mais óbvio, embora também tenha um significado subjacente. Nenhuma frase da escritura epitomiza tão bem o significado esotérico da dedicação como "nenhum homem tem mais amor do que aquele que dá sua vida pelo outro". Isso não significa desistir e morrer pelo outro, mas saber que é necessário desviar a atenção de nós mesmos e do nosso desenvolvimento para que o outro possa avançar ou ser ajudado. Muitas vezes os pais desistem de algo que querem fazer para que seus filhos tenham uma vantagem na vida. Muitas pessoas querem se envolver mais ativamente com os campos da metafísica e do espírito, mas não podem fazê-lo devido às obrigações e aos deveres para com a família, e assim por diante. Essa é a maior expressão de amor! Muitas vezes o teste da dedicação se encontra nos mistérios maiores, à medida que eles se revelam nas circunstâncias da vida da pessoa.

Os mistérios supremos são os ensinamentos acerca da essência espiritual da vida e de seus verdadeiros efeitos no plano físico. Eles implicam agir em benefício de todos e não apenas em favor do próximo. Trata-se da sintonização das nossas energias pessoais com os ritmos e energias mais universais da vida.

Todos esses ensinamentos são encontrados nos Mistérios de Cristo para os que souberem buscá-los. Eles ainda estão acessíveis a todos os que estiverem dispostos a trabalhar por eles. Esses são os mistérios como eram ensinados nas eras passadas e são novamente expressados e revelados de maneira simplificada a todos, por meio desse caminho que agora chamamos Cristianismo.

Parte da responsabilidade do aluno espiritual moderno é entender os mistérios e ensinamentos como eram apresentados no passado e aprender a reexpressá-los no presente de acordo com a sua mais alta criatividade. Esse tipo de responsabilidade exige que as antigas e as modernas doutrinas sejam reexaminadas de uma perspectiva mais universal.

A época em que vivemos é de grande força. É de muita intensidade para os seres humanos e para o planeta. Astrologicamente, estamos nos movendo para uma "Nova Era", que é chamada de "Era de Aquário". Podemos determinar astronomicamente as mudanças dos planetas e dos sistemas solares e o relacionamento desses astros entre si. Para se comprovar espiritualmente o que se atribui a essa "nova era" que está por vir, é preciso iniciar uma análise da evolução das doutrinas espirituais e místicas ao longo de todas as eras da humanidade. A nova era não é um novo tempo ou lugar, mas um novo estado de consciência. Esse foi o propósito de todas as doutrinas de mistérios, por todas as eras.

Toda Nova Era, nova consciência, nova perspectiva gera um período de mais energia e de mais oportunidades para mudança. Ela abre muitas novas portas e fecha aquelas que não são mais benéficas. Cria lições sobre a mudança e sobre o processo da vida e da morte. Gera oportunidades para o desenvolvimento e para a evolução pessoal. Requer grande capacidade de discernimento em todos os níveis. Exige uma reeducação e uma análise individual de tudo o que aconteceu antes. Exige que nos voltemos para as tradições sagradas do passado, encarnadas pelas maiores religiões do mundo, para as verdadeiras escolas de mistérios e para todas as tradições esotéricas. Incorpora o melhor da ciência moderna e funde seus conceitos com os mistérios antigos, de uma maneira criativa.

Nessa nova consciência que está se desenvolvendo, o aspecto oculto do verdadeiro Cristianismo está se desvelando. Um número cada vez maior de pessoas está compreendendo melhor o lado espiritual das lições que o Mestre Jesus ensinou. As energias espirituais e as lições do Cristo — como demonstradas e concedidas à humanidade através do veículo do homem conhecido como Jesus — estarão disponíveis aos muitos que durante os últimos vinte séculos, se abriram à consciência mais elevada por meio da revelação mais ampla dos antigos mistérios.

À medida que o lado oculto do Cristianismo se revelar haverá maiores oportunidades para todos passarem por iniciações mais elevadas. Haverá uma fusão do velho com o novo, e uma união com os reinos supersensíveis de uma maneira plenamente consciente. Haverá uma fusão maior do misticismo, da física, da engenharia e das artes. Ocorrerá uma dissolução do encanto negativo que cerca as tradições esotéricas e se desenvolverá uma manifestação mais elevada do ritual e dos aspectos cerimoniais de todas as religiões. Cada uma delas terá a oportunidade de desenvolver a consciência de Cristo.

Estamos chegando ao fim de uma era. No fim de qualquer era há dificuldades e provações. Geralmente, a religião predominante na era anterior atinge o seu ponto final de cristalização. Seu verdadeiro espírito habitualmente se perde. A forma da religião se torna suprema. Os que seguem a religião começam a sentir a inadequação do velho e, no entanto, ainda não estão prontos para aceitar o novo. Com o Cristianismo Oculto isso pode mudar. O velho não tem de ser descartado. Uma nova vida pode ser insuflada outra vez nele, mas isso exigirá que o misticismo e o espírito que foram perdidos sejam encontrados. Exige que aquilo que estiver oculto seja revelado. Dessa maneira guardaremos intactos os laços do passado com os do presente, de forma que uma nova trama de espiritualidade possa ser tecida para o futuro.

PREPARAÇÕES CÓSMICAS PARA O SURGIMENTO DO CRISTIANISMO

Toda forma de vida no universo é hierárquica. A evolução da vida tem sido descrita e definida de muitas maneiras por muitas sociedades. As hierarquias acima da humanidade têm sido designadas por muitos nomes — alguns mais específicos do que outros. Nas tradições judeucristãs, a hierarquia da vida angélica auxilia e atua no crescimento da humanidade em várias funções. A Bíblia, um dos maiores livros de angelologia que existem no mundo, descreve em vários trechos o inter-relacionamento desses seres na vida da humanidade. Até mesmo o reino angélico tem sua hierarquia e suas divisões, que chegaram até nós através da tradição esotérica. As mitologias de quase todas as sociedades antigas falam nesses seres.

Do Gênese até o Apocalipse, as escrituras bíblicas estão repletas de anjos. Embora a seita dos saduceus não inclua a crença nesses seres (Atos 23:8), Jesus os menciona ao longo de toda a escritura, isto é, Mateus 26:53, Lucas 15:10. João 1:51, etc. Ele se referiu aos anjos como seres reais, e sugeriu com veemência a sua associação com eles. "Ou pensas tu que eu não poderia apelar para o meu Pai, para que ele pusesse à minha disposição, agora mesmo, mais de doze legiões de anjos?" (Mateus 26:53).

No texto do Velho Testamento eles eram mencionados como Filhos de Deus (Gênesis 6:2, Jó 1:6, Jó 2:1, Jó 38:7, Salmos 29:1, etc.). O estudo dos ensinamentos bíblicos sobre angelologia revela diferentes graus e séries, uma hierarquia de evolução mesmo em seu reino. Os anjos vieram a ser associados com cada aspecto do universo e com toda a vida dentro dele. Todo planeta e estrela é um reflexo da luz de um ser angelical.

Anjo
Detalhe de uma gravura
de Albrecht Dürer.

O maior dos arcanjos era aquele conhecido como Metatron. Ele foi chamado o Anjo da Aprovação, o Anjo da Promessa Divina e por muitos outros títulos, inclusive Messias. Na tradição cabalista, foi Metatron que deu a doutrina da Cabala e da Árvore da Vida à humanidade, para que pudéssemos ascender além de nosso estado normal de vida, a fim de nos ensinar que tudo de que necessitamos está disponível se soubermos como manifestá-lo.

"No Talmude e no Targum, Metatron é o elo entre o humano e o divino."[4] Metatron foi associado com o anjo libertador, o aspecto Shekinah ou o aspecto de Amor-Sabedoria do Divino, que estudaremos posteriormente neste livro — ambos destinados a nos ajudar a considerá-lo sob os títulos do Cristo e do Messias no Novo Testamento. De acordo com as lendas e com as escrituras, Metatron foi associado com o sofrimento do servo Isaías, que se tornaria o Messias da teologia cristã.[5]

O termo Messias muitas vezes foi usado para fazer referência a Metatron, no Velho Testamento, e a Cristo, no Novo. Paulo tem o Messias em mente quando se refere ao anjo acima de várias principalidades. (Colossenses 1:16; Efésios 1:21.) Para os místicos judeus da época, a frase "Filho do Homem", bem como "Filho de Deus", tinha um significado messiânico/angélico com possíveis laços, especificamente, com Metatron. Isso também é sustentado pelos textos do Velho Testamento, em Daniel 8:13-14. Para as massas diz-se, simplesmente, que se tratava de um homem.

O Talmude e Midrash falam de Metatron e do elo com o Divino Amor-Sabedoria (Shekinah). Eles falam de Metatron como o Messias e como o "Um com Deus". Quando os autores das escrituras escrevem sobre revelação de quem é ou o que Jesus Cristo é, abre-se um mundo de possibilidades. Frases como "Eu e meu Pai somos Um", e "Antes de Abraão, Eu sou", dão um grande e novo significado a essas escrituras.

Essas ligações são sutis, mas as escrituras muitas vezes são incompletas em muitas referências à identificação angélica. Estas, juntamente com a associação de Shekinah com Metatron, ajudam a considerar o Cristo como um ser arcangélico.

Os Filhos de Deus também podem ser comparados com os Deuses Solares — seres de grande luz e proteção. Eles são um e os mesmos. Tendo

---

4. Davidson, Gustaf. A *Dictionary of Angels* (Nova York: The Free Press, Nova York, 1967), p. 192.
5. *Ibid.*, p. 193.

isso em mente, o mais elevado e maior dos seres arcangélicos neste sistema solar seria o Arcanjo Solar associado à raça humana e, portanto, ao nosso próprio sol. Este é o ser a quem conhecemos como Metatron em tempos mais antigos, ou como Cristo na época moderna.

Esse grande ser, definido de muitas maneiras, corporifica qualidades específicas. Entre essas qualidades, predomina o seu aspecto de Amor-Sabedoria. A grande sabedoria e amor que são mencionados como o objetivo do desenvolvimento espiritual das sociedades é a identificação daquele que é conhecido como o Cristo Cósmico, e é também o alinhamento com ele. É a sabedoria pura corporificada num ser e simbolizada pela essência de Cristo. No apêndice deste livro há uma lista de fontes — bíblicas e místicas — em que se encontram muitas das referências à Essência Amor-Sabedoria do universo. Trata-se da essência Amor-Sabedoria que buscamos para nossa própria iluminação e redenção.

Os místicos que lutaram para atingir essa sintonização espiritual com essa força a chamaram de muitos nomes. Para os videntes hebreus, era conhecida como Shekinah. Para os Gnósticos Cristãos era Sofia. Para o discípulo da Nova Era, trata-se do Cristo Cósmico. É a essência da pura energia divina, expressada por meio do amor e da sabedoria no universo. Visto que Metatron foi muitas vezes designado como mantenedor da humanidade, conseguimos ver possíveis correlações.

O educador e supervisor deste sistema solar e de toda vida que ele contém é o Cristo Cósmico ou Metatron. Grande parte da evolução especial que a Terra estimula na humanidade é aprender a desenvolver e a expressar melhor as qualidades do amor e da sabedoria. É aprender a lidar com a energia densa — aprender sobre as possibilidades criativas da limitação e, ao mesmo tempo, aprender a transcender as limitações por meio da expressão adequada do amor e da sabedoria.

A humanidade nunca esteve antes em condições de receber as doutrinas da antiga sabedoria no grau em que elas estão se disponibilizando agora. Essas doutrinas estão se tornando cada vez mais acessíveis à medida que nos aproximamos da Era de Aquário. É por isso que é preciso uma preparação especial para assegurar sua receptividade no planeta, ao mesmo tempo que são reduzidas as oportunidades de abuso. Devido ao tipo de energia que influenciará a Terra à medida que nos movemos para esse novo ciclo, providências especiais têm de ser tomadas num nível mais cósmico a fim de assegurar que essas energias sejam expressas num ambiente de amor, de sabedoria e de dedicação ao bem da vida como um todo.

Uma lenda ensina que esse processo foi iniciado por Metatron — o Cristo Cósmico, na época do final da Atlântida. Essa civilização superior, que evoluiu há cerca de 850 mil anos, era uma sociedade que tinha à sua disposição grande conhecimento e as energias do universo. Ela abusou do conhecimento e das energias associadas a ele, o que resultou num grande número de cataclismos sobre a Terra; o último foi no "ano de 9564 a.c., segundo informação dada a Sólon pelos Sacerdotes Egípcios."[6] Alguns grupos atlantes sobreviveram e levaram consigo a antiga doutrina e sabedoria para várias partes do mundo, onde foram mantidas em segurança.

Muitas das antigas lendas sobre um paraíso terrestre provêm dos primórdios da vida da civilização atlante. Muitas das lendas sobre a inundação e sobre a dizimação do mundo também provém desse ciclo atlante na evolução da humanidade. Na escritura bíblica esse fato corresponde ao conto de Adão e Eva no Jardim do Éden, enquanto a inundação do planeta corresponde à história de Noé.

A queda original do homem foi a sintonização original de nossa essência espiritual com as forças da materialização, para que pudéssemos entrar na existência física. Embora represente um sacrifício, essa queda abre e prepara o caminho para uma expressão ampliada do espírito, assim que nos graduarmos desse reino denso. Também acrescenta o elemento gravidade à nossa expressão de energia, nos prendendo à terra. A queda original representou um grande risco. Se nos envolvêssemos demais com essas energias mais profundas, não poderíamos nos elevar e evoluir como deveríamos. A humanidade se envolveu demais com as energias e com os seres da materialização, e assim estivemos correndo o risco de ficarmos presos no reino da matéria.

Esse risco é mencionado nas escrituras do Novo Testamento. Lucas 12:15 diz: "Precavei-vos cuidadosamente de qualquer cupidez, pois, mesmo na abundância, a vida do homem não é assegurada pelos seus bens."

---

6. Schure, Edouard. *From Sphinx to Christ* (Harper and Row, San Francisco, 1982).

Uma das passagens mais citadas e menos compreendidas das escrituras é encontrada em Lucas 9:23-25. Quando analisada da perspectiva da humanidade oculta na matéria, ela assume maior profundidade: "Se alguém quiser vir após mim, renuncie a si mesmo, tome a sua cruz cada dia e siga-me. Pois aquele que quiser salvar a sua vida vai perdê-la, mas o que perder a sua vida por causa de mim, esse a salvará. Com efeito, que aproveita ao homem ganhar o mundo inteiro, se ele se perder ou arruinar a si mesmo?"

Há uma teoria com relação a essa cilada que nos remete à época da Atlântida, embora não haja uma evidência concreta de que esse período ou essa civilização tenha realmente existido. De acordo com essa teoria, essa cilada se refletiu na expressão desequilibrada do conhecimento e da energia que ocorreu durante a época atlante da humanidade. Pode-se comparar isso com uma caça a um tesouro submerso com equipamentos de mergulho. A humanidade se deu conta desses tesouros, e lançou a corda da sua vida para sair à caça desse baú submerso. Infelizmente, a corda não foi suficiente para alcançá-lo. Para alcançar esse tesouro, temos de soltar a corda do espírito e, assim, mergulhar livremente. Então nos envolvemos tanto com os tesouros do reino físico que nos esquecemos de onde estava a corda da vida. Concentramo-nos tanto em acumular experiências físicas que nos esquecemos do nosso verdadeiro lar — nossa verdadeira essência. Perdemos a consciência direta dos reinos mais sutis que cercam e se misturam com a nossa vida. A humanidade se tornou rígida, separada e se encheu de conflito e de inércia. A humanidade, como um todo, deixou de manifestar as qualidades da verdade, do amor e da sabedoria.

As doutrinas teosófica e antroposófica se expandiram a partir daí. A humanidade não é composta apenas de substância e de energia físicas. Temos faixas de energia mais sutil que compõem a nossa essência. A maioria das tradições metafísicas refere-se a essas energias como Divina, Monádica, Átmica, Intuitiva/Búdica, Mental, Astral e Física/Etérica. Esses "corpos sutis" da humanidade envolvem e interpenetram o plano físico e podem dar acesso a vários níveis de consciência e planos de vida. O último desses corpos a evoluir para uma parte manifesta do sistema de energia humana foi o corpo etérico. O corpo etérico cumpre duas funções primárias: (1) mantém a consciência na vida física, e (2) serve para filtrar as outras energias e a consciência de outras dimensões que nos cercam e afetam. Do período da Atlântida até o tempo do nascimento do moderno Cristianismo, essa faixa de energia não esteve tão firmemente ligada ao corpo físico, e era muito mais fácil usar as antigas técnicas para estender a consciência física a reinos mais etéricos.

Na época do moderno Cristianismo, o plano etérico estava tão dinamicamente unido ao plano físico, que novas energias e processos teriam de ser iniciados para que pudéssemos tocar esses reinos e níveis mais etéricos da consciência. Contudo, felizmente, através do nascimento do Cristianismo, isso agora pode ser feito de uma maneira plenamente consciente.

Na maneira tradicional de iniciação na essência mais etérica da vida, era preciso fazer o iniciado dormir por aproximadamente três dias e meio. O mestre serviria como facilitador e atrairia a consciência para fora do corpo físico, abrindo os reinos espirituais para o discípulo. No fim do tempo prescrito, o iniciado seria "chamado de volta ao corpo", com uma consciência iluminada pelas verdadeiras dimensões espirituais. O discípulo teria então conhecimento direto da Essência Amor-Sabedoria (Metatron/ o Cristo Cósmico) dos mundos espirituais, e poderia "dar testemunho" desses reinos. O último a passar por esse método tradicional é aquele a quem conhecemos como João, o Amado. João e Lázaro da escritura bíblica são a mesma pessoa. João é o nome de iniciado de Lázaro. "Esta doença não é mortal" (João 11:4) significa que se trata do antigo processo de iniciação do "sono induzido".

Uma análise das referências bíblicas a João e a Lázaro esclarecerá melhor esse elo entre os dois personagens, para os que desejam se aprofundar no assunto. Desde então, as energias etéricas da humanidade ficaram entrelaçadas com demasiada firmeza nos processos físicos da vida para permitir que esse método de iniciação fosse praticado com segurança. Ao mesmo tempo, entretanto, devido ao enraizamento das energias do Cristo Cósmico diretamente na Terra, esses métodos não são mais necessários. A força vital individual tem dado impulsos que permitem uma união plenamente consciente com os mundos supersensíveis que nos cercam. Isso é o que será explicado e revelado no restante deste livro.

Mesmo que seja considerada uma metáfora ou uma forma de explicar o que de outro jeito seria inexplicável ou oculto, essa obra nos abre novas possibilidades. Ajuda-nos a começar a ver a relação entre os fatos, entre as pessoas, entre todas as expressões de vida. Ajuda-nos a ver que tudo no universo afeta tudo o mais. Tudo e todas as pessoas e coisas nos afetam tanto no nível terreno quanto no espiritual. Ela contrabalança a abordagem teológica com relação à vida, que é fatalista e muitas vezes irresponsável. Coloca a responsabilidade pela nossa vida, evolução e crescimento em nossas próprias mãos.

A humanidade sempre tem algumas energias que servem de contrapeso. O contrapeso para o processo de involução e de aprisionamento no plano físico é o processo de evolução e de aprendizado. Como já foi dito, Metatron (isto é, o Cristo Cósmico) é o educador do nosso sistema solar, e, portanto, a Terra física e toda a vida sobre ela é banhada nas energias educativas do Amor-Sabedoria, destinadas a ajudar cada pessoa no desdobramento de uma consciência divina, uma consciência que está presa à corda de Cristo. Destina-se a desdobrar o potencial em todas as vidas que estão fazendo da Terra a sua sala de aula.

Os que atuam na assistência à humanidade — independentemente da posição em que estejam na hierarquia (inclusive o Cristo) estão sujeitos a leis espirituais estabelecidas. Além de suas próprias expressões eles só podem ajudar na medida em que nós o permitirmos. Essa lei espiritual fez com que o Cristo se mantivesse fora do ambiente terrestre e projetasse suas energias nela a fim de estimular toda a vida em evolução a se elevar. A sede dessa projeção é refletida pelo sol.

O processo evolucionário na Terra requer que nós evoluamos com as forças dela. Essas forças terrestres não podem ser assimiladas pela nossa consciência física e transformadas em Sabedoria mais elevada. Só ao restabelecermos a vida da alma em ligação com a Essência Divina, nossa experiência pode ser assimilada e assim estimular nosso crescimento. O Cristo Cósmico não pode interferir diretamente, nem nos privar do nosso livre-arbítrio de crescermos por meio do aprendizado, se essa for a nossa vontade.

Seres mais elevados vieram à Terra de tempos em tempos para nos ensinar e para trazer luz, contudo com freqüência eles foram limitados, visto que não eram de fato parte da corrente vital evolucionária da humanidade. Foi por meio da assistência deles que as antigas Escolas de Mistérios foram estabelecidas, e que as doutrinas ancestrais sobreviveram aos cataclismos da Atlântida. Muitas das mitologias do mundo espelham a ajuda dada à humanidade por esses seres superiores.

Os seres mais evoluídos da humanidade começaram a concentrar esforços para alcançar uma fusão mais direta com a essência do Amor-Sabedoria do universo. Essas são as Antigas Tradições dos Mistérios como as conhecemos hoje. Ao longo dos séculos, à medida que as pessoas cresciam em sabedoria e em luz, as energias de certas correntes da humanidade se tornaram mais fortes, o que aumentou a possibilidade de se construir uma ponte entre a humanidade e o Cristo Cósmico. À medida que cada indivíduo ampliava essa percepção, a ponte entre o Cristo e toda a vida em evolução começou a se formar. Visto que a maioria dos seres humanos ainda não era capaz de estabelecer contato por si mesma, um processo magnífico foi posto em ação para permitir que o Cristo cruzasse a ponte e se ligasse mais diretamente com a humanidade.

Foram os ensinamentos dos antigos sistemas de mistérios que impulsionaram a construção dessa ponte. A doutrina desses sistemas fez com que um número cada vez maior de pessoas se abrisse às energias da iluminação, cada uma acrescentando algo a essa ponte com o Divino. Isso não significa que todos conheciam a dinâmica do processo ou sabiam para onde ele estava levando, mas era evidente que havia um método nesse processo que se estendia ao âmago da evolução e ao tempo de toda a vida.

Pelo mestre que conhecemos como Jesus, e com a ajuda de Metatron, na forma do Cristo, essa ponte e elo com o divino foi completada. Por meio da consciência e do veículo de Jesus, que passou por um aprendizado intensivo das tradições dos mistérios, os aspectos do Amor, de Sabedoria, de Devoção e de Idealismo se impregnaram nos corpos físico, etérico e espiritual e na vida da própria Terra. Como veremos, na época do "Batismo" de Jesus, a consciência deixou o corpo físico, permitindo que as energias de Cristo tomassem posse e trabalhassem diretamente sobre a Terra.

Na hora da crucificação e da morte, a essência de Cristo seria colocada na cruz da matéria, tocando o próprio coração do planeta. O Cristo, em vez de ser um regente exterior que projeta energias na Terra, se torna o Logos Planetário, tocando e trabalhando toda a humanidade pelas eras que ainda virão. A energia do Cristo encheu o coração da Terra e tocou o reino etérico que o cerca, insuflando-lhe Amor, Sabedoria e Devoção. Dessa forma, as energias de Cristo se tornaram uma parte intrínseca da formação etérica de toda a vida daí em diante. A cada encarnação, essas energias Crísticas estimularão a centelha divina no coração de todos nós num grau ainda maior.

O Cristo entrou na corrente vital evolucionária da humanidade e agora será capaz de influenciá-la mais diretamente. A essência arcangélica de Cristo torna-se parte de cada ser vivente no planeta. Podemos ver isso refletido um pouco melhor nas palavras de Paulo aos Gálatas 2:20: "Eu vivo. Mas não sou eu que vivo: Cristo é que vive em mim. A vida que atualmente eu vivo na carne, eu a vivo pela fé no Filho de Deus, que me amou e se ofereceu por mim."

É essa essência arcangélica (Filho de Deus) que vive em cada um de nós de tal modo que pode ser aumentada, acessada e amplificada de uma maneira muito intensa. As energias de Cristo agora afetam toda a vida no planeta, estimulando um aceleramento cíclico que facilita o processo de auto-iniciação. É esse jogo cíclico de energias que será analisado na segunda parte deste livro, junto com os rituais destinados a ampliar seus efeitos.

Tendo sido plenamente introduzido e ancorado na Terra por meio da vida e do ministério de Jesus, o Cristo determinou-se a realizar o desenvolvimento de um novo padrão etérico de energia para a humanidade. Esse padrão anulará influências negativas e permitirá uma comunhão totalmente consciente com os reinos espiritualmente divinos da vida. O que era posse exclusiva de certos grupos agora se torna acessível a todos os que estiverem dispostos a se empenhar e a se dedicar. Agora, mais do que nunca, a humanidade está pronta para um ressurgimento e para uma nova expressão dos Antigos Ensinamentos dos Mistérios.

Como veremos ao longo desta obra, a vinda do Cristo deu um novo impulso à humanidade, um impulso que compensa nossa perda de visão com relação à comunhão com as forças da Natureza e do Divino. Os Mistérios restituíram a sua antiga glória e, independentemente da "censura" imposta pela humanidade, continuaram acessíveis a todos.

Qual foi então o efeito histórico do Cristo e daquele que conhecemos como Jesus? Jesus realmente se tornou o Cristo? Em caso afirmativo, como isso aconteceu no curso dos fatos como os conhecemos hoje? É isso que analisaremos, tendo em vista, no entanto, que a evidência vem de muitas fontes — externas e internas — e por isso a verdade real não pode ser plenamente revelada sem novas perspectivas, sem intuição ou algum conhecimento da tradição esotérica como é praticada no atual estágio da evolução da humanidade. Temos de nos lembrar de que o processo envolveu muito mais do que o que se vê na superfície.

"Deus não pensa como pensam os homens. Os pensamentos dos homens são imagens; os pensamentos de Deus são criaturas vivas!"

Rudolph Steiner

Capítulo Dois

O JESUS HISTÓRICO E O CRISTO MÍSTICO

"Historicamente, a verdadeira vida de Jesus foi o acontecimento real do que antes dele acontecia apenas na iniciação... A vida de Jesus é, assim, uma confirmação pública dos mistérios."

Rudolph Steiner

A história da vida de Jesus foi examinada, reexaminada, resumida e determinada historicamente sem grandes dificuldades. Ele foi, em sua maior parte, o foco principal da igreja cristã nestes últimos dezenove séculos. Há uma infinidade de documentos que podem provar que existiu um homem chamado Jesus, que viveu numa época determinada ou por volta desse período, e que foi um curador e mestre que tinha um grupo de seguidores.

O fato de ter-se tornado ou não o Cristo, ou se foi eclipsado pelo Cristo e fez tudo o que dizem ter feito, ainda tem de ser averiguado, mas há meios de atravessar o abismo da ignorância. Isso pode ser feito através do entendimento dos aspectos verdadeiramente históricos da época e do homem conhecido como Jesus. Ao mesmo tempo é preciso olhar de novos pontos de vista os documentos que são tidos como a chave para desvendar o verdadeiro significado desse evento (isto é, a Bíblia, especialmente os textos do Novo Testamento). Para isso, devemos usar a nossa intuição e, finalmente, conhecer as tradições esotéricas atuantes na evolução da humanidade e no mundo na época do nascimento do Cristianismo.

Para se determinar a historicidade e a veracidade de alguma coisa são necessários documentos que relatem fatos verdadeiros, e que sejam autênticos, integrais e dignos de confiança. Um documento é considerado genuíno quando é escrito e assinado pelo autor e escrito na mesma época em que ocorreram os fatos que registra, ou logo depois. O documento é integral e completo se a sua maior parte nos chega na mesma forma em que foi escrito pela primeira vez, isto é, sem alterações ou inserções posteriores feitas por escritores ou copiadores, de maneira que altere sua historicidade. Um documento é confiável quando registra fielmente a informação, que é baseada num certo conhecimento. O autor deve ter conhecimento dos fatos.

Há um aspecto crucial que também deve ser levado em conta ao determinarmos a historicidade de algo. Quando um documento é aceito como legítimo, integral e confiável pelos contemporâneos ou pelos contemporâneos próximos do autor, as gerações seguintes devem concordar com o valor desse documento, a menos que se tenha provas que mostrem por que deva ser rejeitado. Nesse caso, quem deve oferecer essas provas são aqueles que contestam o seu valor histórico.

O que se deve ter em mente é que a historicidade de um documento pode não ser a mesma que a historicidade dos eventos relatados no documento. O Novo Testamento, por exemplo, pode ser uma ficção, mas isso não afeta de forma alguma sua historicidade como documento. A validade do documento deve portanto ser comprovada por um exame. Este é ainda mais importante quando os documentos não são escritos necessariamente por testemunhas oculares, ou registrados na mesma época em que ocorreram os fatos, como acontece com os documentos do Novo Testamento.

Ao determinar a veracidade de alguma coisa, podemos usar tanto as evidências interiores como as exteriores. A evidência interior da veracidade de documentos aos quais se atribui valor histórico implica uma descrição da situação política, geográfica, sociológica e cultural da época. A linguagem usada, o estilo das expressões ou do idioma, a escolha do vocabulário devem se ajustar à época em que o documento foi escrito.

A evidência externa da veracidade é determinada por meio de outros documentos que confirmem implicitamente que isso e aquilo é verdadeiro e que fulano ou sicrano escreveram o documento em questão. Muitos dos documentos que comprovam a historicidade dos textos do Novo Testamento, no que se refere à época, estão listados nos apêndices deste livro.

A partir dos fragmentos e das citações dos antigos escritores, sabemos que outros relatos dessa época — além dos quatro evangelhos canônicos — começaram a circular entre os primeiros cristãos. Esses relatos vieram a ser conhecidos como "Evangelhos" Apócrifos. Alguns dos escritores mais antigos os rejeitaram alegando que não tinham sido escritos por "testemunhas oculares e pelos apóstolos". Outros escritores se referem a eles como um guia para compreender os ensinamentos e as reflexões esotéricas do homem que hoje é conhecido como Jesus.

Há, além disso, cerca de onze "evangelhos" que também foram rejeitados pela Igreja oficial. O que é preciso compreender também é que qualquer testemunho hostil contra os documentos originais pode ser de particular valor, pois é uma forma de "evidência externa" de historicidade. Assim, é importante que cada pessoa comece a fazer sua própria análise e que use sua intuição ao estudar esses escritos. Esses onze Evangelhos Apócrifos são:

Nome	Data em que foi escrito	Rejeitado por
Evangelho dos Hebreus	cerca de 100 d.C.	Eusébio
Outro Evangelho de Mateus	cerca de 150 d.C.	Eusébio/Orígenes
Evangelho dos Egípcios	cerca de 150 d.C.	Orígenes
Evangelho dos 12 Apóstolos	cerca de 150 d.C.	Orígenes/Epifânio
Evangelho de Filipe	cerca de 150 d.C.	Epifânio
Evangelho de Tomé	cerca de 150 d.C.	Orígenes/Eusébio e Gelásio
Evangelho de Pedro	cerca de 190 d.C.	Eusébio/Gelásio
Evangelho de Tiago	cerca de 200 d.C.	Orígenes/Gelásio
Outro Evangelho de Mateus	cerca de 300 d.C.	Gelásio
Evangelho da Infância de Cristo	cerca de 300 d.C.	Gelásio
A Assunção de Maria	cerca de 400 d.C.	Gelásio

Os quatro evangelhos canônicos do Novo Testamento se tornaram a base principal do moderno Cristianismo. É bem provável que esses evangelhos tenham sido escolhidos por serem as fontes mais respeitáveis. Eram menos exóticos e representavam melhor o Império Romano como um todo: o evangelho de Marcos representava o Oeste; Mateus, o Sul; Lucas, o Norte e João, o Leste.[7]

O livro de Mateus foi escrito em 90 d.C. aproximadamente; o livro de Marcos foi escrito entre 75 e 80 d.C., e o livro de Lucas foi escrito perto do final do século I, segundo os Códigos Gregos e outra literatura existente. O Livro de João foi composto em alguma época por volta do final da primeira década do século II. Se presumirmos que a morte do Cristo ocorreu por volta de 33-36 d.C., então as formas finais dos Evangelhos de Mateus, Marcos e Lucas não foram compostas antes de completados vinte anos da sua morte. Isso cria muitas dúvidas sobre a exatidão e a validade desses evangelhos.

Datar eventos bíblicos é difícil. Mesmo nos evangelhos há dois registros diferentes do nascimento de Jesus. Mateus registra o nascimento por volta de 7-4 a.C., aproximadamente, no reino de Herodes e por volta da época do Massacre dos Inocentes. Lucas, por outro lado, registra que Jesus nasceu por volta da época do censo romano, que teria sido em 6-7 d.C. É bem provável que a crucificação tenha ocorrido por volta do ano 36, e que Jesus estivesse no início da casa dos quarenta. Esse fato é confirmado por João 8:57, em que as pessoas dizem a Jesus, "Ainda não tens cinqüenta anos e viste Abraão?"

Infelizmente, muitos milhões de pessoas acham que o Novo Testamento é inspirado na Palavra de Deus, como se tivesse sido ditado aos autores por Deus em pessoa, em algum tipo de comunicação espiritual. A verdade é que "nenhum dos manuscritos que temos são originais, ou se pode demonstrar serem cópias exatas dos originais... Os próprios autores freqüentemente estão em desacordo uns com os outros, em suas idéias e convicções e com relação aos assuntos que eles registram."[8] Temos também de entender que muitos dos documentos são cartas, escritas sem in-

---

7. Schonfield, Hugh J. *The Original New Testament* (Harper & Row, San Francisco, 1985), p.xvii.

8. *Ibid.*, p. xx.

tenção de torná-las públicas. Por causa disso, muito do que temos hoje é em grande parte uma interpretação idealizada, criada por e para as várias escolas do Cristianismo.

Há uma vasta literatura sobre os aspectos históricos das Escrituras Cristãs. "Nenhum outro trabalho de Antiguidade foi transmitido tão bem, isto é, por tantos e tão antigos manuscritos, como o Novo Testamento. Falando somente dos manuscritos gregos, distinguimos papiros (um dos mais antigos materiais de escrita), manuscritos em letras maiúsculas ou em letra uncial (usando apenas maiúsculas), manuscritos em letras minúsculas ou cursivas (usando letras maiúsculas e letras minúsculas) e passagens das escrituras (destinadas para uso litúrgico). O número de manuscritos está aumentando continuamente e atualmente ultrapassa 4 mil:

Papiros (100-300 d.C.) — 50
Uncial (300-800 d.C.) — 208
Minúsculas (800-1300 d.C.) — 2370
Lecionários (300-1300 d.C.) — 1603
(*Encyclopedic Dictionary of the Bible,* 1438.)

Se acrescentarmos a isso o imenso número de traduções de escritura bíblica, deparamos com o desafio de determinar o quanto esses textos são exatos. Grande parte da escritura foi apagada, os livros foram censurados e seções inteiras foram alteradas no transcorrer dos séculos — muitas vezes por decretos papais. Cada tradução pode ter sido colorida por palavras e frases que estejam de acordo com o ponto de vista do intérprete.

Começando na página 45, há um mapa das várias traduções que chegaram até nós na época moderna. Também temos de levar em conta que nos últimos vinte anos ainda surgiram mais interpretações das escrituras. Como, então, podemos determinar a legitimidade dos textos da escritura? Ou será que, por olhar para as árvores, estamos deixando de ver a floresta? A resposta está em examinar o Cristianismo da perspectiva histórica de uma Escola de Mistérios, uma em que se usou de bastante cautela na análise dos fatos.

Por meio de Metatron, como o Cristo, que entrou diretamente na esfera terrestre para dar novo impulso à humanidade, o processo foi iniciado de uma maneira que estava destinada a dar certo apesar da "censura aos ensinamentos", apesar da "possibilidade de alterações e da eliminação de trechos", apesar da possibilidade de manipulação e de alteração deliberadas dos ensinamentos. A fim de tirar os mistérios das mãos dos privilegiados e dos escolhidos, todo o processo da vida de Jesus e do Cristo teriam de se tornar uma analogia dos mistérios. Todos os preparativos, todos os fatos, o próprio ministério — cada aspecto da vida de Jesus Cristo — estabelece paralelos com uma experiência do processo iniciático dos Mistérios Arcangélicos.

Portanto, o que não pode ser compreendido a partir dos verdadeiros ensinamentos, pode ser entendido pelo exemplo. Por meio de Paulo chega até nós a interpretação do ministério e da morte de Jesus como se fossem eventos que tiveram sua origem em Deus. Essa interpretação pode ser encontrada em escrituras como I Coríntios 15:47, e foi sustentada posteriormente por Pedro, em Atos 2:23 e em Romanos 3:25. Conforme os registros de Lucas e de Mateus, o nascimento sofreu a intervenção Divina e tem uma importância mais elevada do que um mero evento mundano. O papel de Jesus à luz da ressurreição, que tem suas raízes nos antigos mitos de todos os deuses e deusas que morrem e ressuscitam, tem portanto sua grande magia na revelação do processo de uma iniciação mais elevada.

A despeito da subseqüente censura, os principais eventos da vida de Jesus Cristo foram registrados. Conhecer esses eventos principais é tudo o que precisa qualquer pessoa que queira se abrir para uma experiência iniciática. Foi encenado, através da descrição da vida de Jesus e dos fatos que a cercaram, o que antes só havia sido representado nos Rituais de Iniciação da Escola de Mistérios. Os rituais descritos na Segunda Parte deste livro lhe mostrarão como usar esses eventos principais para abrir-se, hoje, a essa experiência.

Então, onde o aspecto oculto do Cristianismo se encaixa em tudo isso? Sem que a comunidade cristã em geral tenha conhecimento do fato, a filosofia do Cristianismo tanto é oculta quanto era ortodoxa. Jesus fez uma distinção entre as questões sobre as quais podia falar abertamente e aquelas que apenas podia sugerir, pois a maioria das pessoas não conseguiria captar-lhes o sentido. Os Mistérios do Reino do Céu deviam ser revelados a todos, porém de uma maneira que impedisse que fossem profanados e, ainda assim, pudessem ser compreendidos mesmo pelos que não haviam sido instruídos de acordo com a doutrina mais tradicional da Escola de Mistérios.

Depois da morte de Jesus, seus seguidores se dividiram. Essa separação resultou em dois tipos de cristãos: um dedicado ao ocultismo ou à prática esotérica, e outro do tipo mais moralista e mais ortodoxo. O primeiro valorizava a experiência direta, o conhecimento das leis espirituais e naturais e sua prática na vida. O segundo se detinha na "expiação vicária" e nas "boas obras". Na luta entre os dois, o último finalmente venceu, visto que um maior número de cristãos era versado nesses princípios ortodoxos e não nos aspectos ocultos. Isso por fim levaria à abolição dos mistérios ocultos do Cristo.

O abismo entre esses dois tipos de cristão iria se alargar, mas os aspectos secretos nunca morreriam. Os cristãos ortodoxos continuaram a usar interpretações literais dos ensinamentos de Cristo, e as referências mais esotéricas foram deixadas para os poucos que seriam capazes de entendê-las e de transmiti-las aos outros. São essas referências, no entanto, que encarnam o verdadeiro espírito e essência do Cristianismo. À medida que transcendermos os ensinamentos literais, o dever se tornará desejo e os problemas e a confusão que envolvem o texto literal se dissolverão.

Descobriremos as respostas às nossas perguntas estudando os aspectos secretos do Cristianismo. As escrituras não estavam destinadas a ser oráculos, mas antes um guia para a pessoa descobrir suas próprias respostas baseadas na *experiência*. "O Ocultismo é mais do que uma ciência a ser abordada objetivamente; ele também proporciona uma filosofia de vida que deriva da experiência, e é esse aspecto filosófico, ou mesmo religioso, que atrai a maioria daqueles que devotam sua vida a ele... (o buscador) não depende mais da fé (cega). Ele tem experiência pessoal e, a partir dessa experiência, tende a formular uma crença religiosa na qual ele mesmo aspira compartilhar do trabalho habitualmente destinado aos santos e anjos, e aos ministros e mensageiros de Deus."[9]

Ler nas entrelinhas. Olhar além do plano físico. Ver o que transcende o óbvio. Buscar por trás do literal. É aí que se encontrará a verdade. É

---

9. Fortune, Dion. *Sane Occultism* (Northamptonshire: The Aquarian Press, 1981), p. 11.

assim que a verdade se transforma numa parte ativa da vida. Aceitar o sentido literal é uma saída fácil. É um meio de evitar sair do casulo da nossa vida.

Entrar em contato com o Cristianismo a partir da perspectiva literal ou estritamente histórica resulta em desastre. O sentido literal convida à confusão. A perspectiva histórica tem fios desconectados demais. Há divergências demais, impossibilidades demais, contradições demais para que possamos alcançar o verdadeiro entendimento.

Podem surgir grandes dificuldades na leitura literal do Novo Testamento. Muitos defendem a idéia de uma concepção imaculada e do nascimento virgem, enquanto outros declaram que isso é uma impossibilidade. As genealogias de Jesus, de acordo com os Evangelhos de São Mateus e de São Lucas são diferentes, portanto, como podem dizer respeito à mesma pessoa? Afinal, Mateus traça a linhagem de Jesus através de José, o que se torna inteiramente sem sentido no caso de um nascimento através de uma virgem. São Lucas traça a sua linhagem através de Maria. Se Jesus é Deus, como Satã pôde tentá-lo? Os fatos da noite anterior à da crucificação de Jesus são muito numerosos e muito sofismáticos para terem acontecido numa única noite, como uma leitura literal deixa implícito. A Última Ceia. A agonia no jardim. A traição de Judas. Jesus diante de Caifás. Jesus diante de Pilatos. Jesus perante o Sinédrio. A apresentação a Herodes. Nova apresentação a Pilatos. As declarações de Pilatos e a lavagem das mãos. O açoitamento e as zombarias a Jesus. O longo e doloroso caminho carregando a cruz até o Gólgota. Há fatos demais para terem ocorrido em tão curto espaço de tempo.

Isso não significa que não tenham acontecido; mas que não aconteceram na seqüência que foram apresentados. Qual então é a resposta? A resposta está nos aspectos secretos. Ao examinar os fatos de uma perspectiva universal, e segundo a tradição e os ensinamentos de uma escola de mistério, podemos começar a colocar os fatos numa perspectiva que nos inspira grande devoção e iluminação.

Há tanta coisa inaceitável na sua forma literal que reforça a idéia de que os autores eram homens espiritualmente instruídos, que escreviam sobre os fatos de modo a encorajar a instrução — como nas antigas escolas de mistérios. Eles escreveram para preservar e ocultar dos mais simples, e, no entanto, revelar aos mais instruídos e dedicados, o Amor-Sabedoria que haviam experimentado pessoalmente.

A Bíblia é uma mescla de verdade, de símbolos e de alegorias. Os que a escreveram o fizeram na mais fina tradição das Escolas de Mistérios. Eles ocultaram o conhecimento mais profundo por trás do literal, pois sabiam que esse conhecimento despertaria grandes forças espirituais, intelectuais, físicas e psíquicas. Os Iniciados Cristãos estavam bem cientes de que, se esses ensinamentos fossem revelados abertamente, os poderes invocados e despertos seriam profanados e poderiam ser usados de forma muito inconveniente.

Temos de abordá-los a partir de um delineamento histórico, mas temos que aprender a ver esses eventos de uma perspectiva intuitiva e ocultista. Só desse modo é que os verdadeiros mistérios são desvendados. "Aproximando-se, os discípulos, perguntaram-lhe: 'Por que lhes falas em parábolas?' Jesus lhes respondeu: 'Porque a vós foi dado conhecer os mistérios do Reino dos Céus, mas não a eles.' (Mateus 13:10-11).

ESQUEMA DA BÍBLIA INGLESA

A escritura bíblica começou com o Velho Testamento dos Hebreus e com o Novo Testamento Grego. As primeiras traduções foram em grego e no aramaico.

Entre o séculos II e III a.C., a tradução do Velho Testamento para o grego pelos Setenta
Século IV d.C. Bíblia Latina Vulgata de Jerônimo
700-1000 Paráfrases anglo-saxônicas da Vulgata Latina
1384 Bíblia de Wycliffe
1522-1534 Bíblia Luterana Alemã
1526-1530 Tradução do Novo Testamento por Tyndale
1528 Bíblia Latina de Pagninus
1535 Bíblia de Coverdale
1537 Bíblia de Mateus
1539 A Grande Bíblia
1556 Novo Testamento Latino de Beza
1560 Bíblia de Genebra

1568 Bíblia do Bispo
1582-1610 Bíblia Rheims Douai
1611 Bíblia do rei James
1749-1750 Revisão de Challoner
1881-1885 Versão Inglesa Revista
1901 Versão Padrão Americana
1946-1952 Versão Padrão Revista
1957 Bíblia Aramaica Completa Lamsan

Desde 1957, houve um grande número de traduções das principais denominações por todo o país, e há cada vez mais traduções a cada ano que passa.

UMA VISÃO OCULTISTA
DAS PERSPECTIVAS HISTÓRICAS

O período de 200 a.C. a 200 d.C. foi um período de drama e de tensão. "Houve uma ânsia em trocar idéias, muito questionamento tanto de posições políticas quanto sociais, e, por trás disso, havia uma prolífera sensação de clímax, como se o apogeu do destino humano logo fosse alcançado. Haveria a extinção ou haveria algo além? Inevitavelmente, profetas, astrólogos, adivinhos floresceram, assim como místicos de todos os tipos..."[10]

Um século e meio antes do Cristianismo, O Império Romano de Augusto abraçou muitas línguas e culturas. Era um mundo complicado em que as preocupações, crenças e práticas religiosas ocupavam o lugar central na vida das pessoas, das famílias e das comunidades.

A Palestina era um país de muitas nações, de muitas línguas e de muitos interesses. Estava tão repleta de povos miscigenados e hostis, cujos interesses muitas vezes não coincidiam, que a harmonia e a paz pareciam impossíveis. Na verdade, havia muitos grupos que professavam a fé judaica, embora nem todos fossem hebreus. Os hebreus da Palestina eram he-

---

10. Schonfield, p. xxi.

breus desde a origem dos tempos do grande êxodo do Egito e até mesmo de antes.

Havia uma diferença entre os judeus da Palestina e a Diáspora, aqueles que haviam se espalhado na Babilônia. A genealogia de Jesus serviu para mostrar que ele fez cumprir as profecias judaicas (em Isaías) sobre o nascimento do Messias. Os judeus da época esperavam um Messias que seria descendente do rei Davi. Isso é mostrado no Evangelho de Mateus 1:17, que diz: "Assim a soma das gerações de Abraão até Davi foi catorze; de Davi até o exílio na Babilônia, catorze; e do exílio na Babilônia até Cristo, catorze." De acordo com essa passagem bíblica, o Messias viria por meio de um descendente dos judeus que tivesse sido afetado pela Diáspora.

No meio deles havia os grupos conhecidos como idólatras, cujos costumes e rituais estavam ganhando proeminência. Os judeus que viviam fora da Palestina eram mais tolerantes com relação às práticas pagãs do que aqueles que moravam na Cidade Santa. No entanto, mesmo na Cidade Santa, havia muitas seitas dentro do tronco principal do Judaísmo, entre elas a que daria origem ao Cristianismo.

No nordeste havia os nômades, bem como os sírios e os gregos. No leste e no oeste da Palestina predominavam os ritos egípcios, fenícios e gregos. No centro da Palestina, a língua e influência gregas eram dominantes. Na Galiléia, ao norte, havia os gentios. Gentio era de fato um termo genérico para se referir a alguém que não fosse judeu. Os gentios não eram muito apreciados pelos judeus, muitas vezes porque debochavam do jeito de falar dos judeus e ridicularizavam-lhes a língua. Por toda a Palestina, as pessoas que tinham alguma instrução falavam o grego ao passo que a língua hebraica dava lugar para o aramaico.

A Palestina e Jerusalém eram lugares de grandes extremismos e diversidades. Havia muita riqueza e muita pobreza convivendo lado a lado. Cultos místicos e idólatras viviam juntos. Em decorrência disso, o Judaísmo enfrentava seus próprios problemas. "As correntes religiosas da época eram diversas... Podiam-se distinguir três amplas categorias de crença e de observância religiosa. Primeiro, havia a religião tradicional da família e dos deuses comunitários... em segundo lugar, havia os assim chamados 'cultos dos mistérios'... que tinham suas raízes míticas em ritos locais de fertilidade... Finalmente, havia quem vivesse em busca da realização humana e da felicidade por meio do estudo e da prática da sabedoria filosófica... As religiões que celebravam a natureza estavam espalhadas por todo o Mediterrâneo. As mais populares eram os cultos da Grande Mãe, ou de Ísis, no Egito, e de Mithras, na Pérsia. Eles ofereciam em ritos de iniciação uma experiência do Divino que evocava profundas emoções de veneração, de admiração e de gratidão."[11] A maioria dos povos da região era influenciada por essas religiões, ou até mesmo praticavam, de certa forma, todas as três.

Muitas vezes descrevemos Jesus viajando pelo país, pregando e curando; mas, se dermos uma olhada nas escrituras percebemos que as condições daquela época deviam ser bem conhecidas. Basta verificar Mateus 26:5, Mateus 7:15-16 e Lucas 18:1-5. As doenças e o crime predominavam. Havia um grande medo do mal e dos demônios. A violência era comum. Por toda parte havia mendicância, superstição e espiões.

"... entre as calamidades daquele período sombrio, a mais grave era o espírito degenerado, com que os primeiros homens do Senado se submetiam ao degradante trabalho de espionarem uns aos outros; alguns sem o menor pudor, em plena luz do dia; e até usando artifícios clandestinos. O contágio era epidêmico. Parentes próximos, estrangeiros, forasteiros, amigos e estranhos, conhecidos e desconhecidos eram, sem distinção, envolvidos num perigo comum. O ato recentemente cometido e a narrativa do mesmo eram igualmente destrutivos. As palavras somente não bastavam, quer proferidas no fórum ou em meio aos prazeres da mesa... Os informantes lutavam, por assim dizer, como se estivessem numa corrida, para ver quem seria o primeiro a arruinar o próximo, alguns, para assegurar a si mesmos, a maioria, infectada pela corrupção dos tempos."[12]

No Judaísmo havia duas seitas principais, e elas professavam idéias contrárias e alimentavam rancores recíprocos. O grupo maior era o dos fariseus. Os sacerdotes, os escribas e os leigos formavam a seita farisaica. Eles acreditavam e seguiam a Lei de Moisés, e até mesmo as interpretações dos escribas eram consideradas válidas. Eles colocavam a religião tradicional acima da política, sentindo que podiam viver com qualquer governo que não restringisse a liberdade religiosa. "Eles aceitavam a Doutrina da

---

11. Walker, Williston. *A History of the Christian Church* (Nova York: Charles Scribner's Sons, 1985, pp. 6-8.
12. Tacitus, *Annals, Bk VI*, vii.

Cooperação de Deus nos atos humanos... o livre-arbítrio e a responsabilidade moral... e que o Messias restauraria a dinastia divina e livraria os judeus do domínio estrangeiro."[13]

A segunda seita era a dos saduceus. Não era um grupo numeroso, mas tinha influência por ser constituído pela nobreza, pelos ricos e pela hierarquia mais alta dos sacerdotes. Eles não acreditavam na lei de retorno ou na ressurreição. Sustentavam a crença de que havia um lugar na Terra para onde iam os mortos — sem julgamento. Eles negavam a existência de espíritos e de anjos e não acreditavam na Providência ou na Orientação Divina nem que Deus pudesse atender às suas preces. Eles defendiam o livre-arbítrio.

É intrigante para os estudiosos da religião que a terceira seita de judeus que existia naquela época — os essênios — nunca seja mencionada no Novo Testamento, enquanto os fariseus e os saduceus são criticados ao longo do livro inteiro. A descoberta dos manuscritos do Mar Morto fez surgir muitas indagações a respeito do papel dos essênios na Judéia na época de Jesus. O que se sabe sobre eles chegou através dos pergaminhos e por meio de outros escritores na área, como Filo de Alexandria (cerca do ano 20 d.C.) Plínio, o Velho (cerca de 70 d.C.) e de Josefo, que escreveu entre 75 e 85 d.C.

Os essênios tinham uma vida mais disciplinada do que os membros das outras duas seitas. Eles eram judeus por nascimento, da linha hebraica, e demonstravam mais afeição uns pelos outros do que nas outras seitas. Eles rejeitaram os prazeres, que consideravam perniciosos, e acreditavam que a não-submissão às paixões era uma virtude. Com freqüência, rejeitavam o matrimônio, mas muitas vezes acolhiam os filhos dos outros enquanto estivessem em tenra idade e pudessem ser educados conforme os costumes essênios — mais ou menos como fazem os *shakers* mais modernos. Quando havia matrimônio, era entre duas pessoas que fossem compatíveis em todos os níveis de desenvolvimento, e a aliança era supervisionada pelos Altos Iniciados e pelos adeptos da seita essênia.

Eles tinham grande respeito por Deus. "Naqueles dias, quando havia

---

13. Kittler, Glenn. *The Dead Sea Scrolls* (Nova York: Warner Books, 1970), p. 28.

cada vez mais pessoas no Carmelo — o lugar original onde foi estabelecida a escola dos profetas durante o tempo de Elias, de Samuel, estes eram chamados Essênios. Eles eram estudiosos do que vocês chamariam de astrologia, numerologia, frenologia e daquelas fases em que se estudava o retorno dos indivíduos — as encarnações." (Josefo) Tratava-se de uma seita estabelecida para preparar o caminho para educar e treinar o Messias.

Essênio vem da palavra "asaya", que significa "doutor" ou "curador". Eles eram treinados em muitas das artes de cura, e muitas vezes eram os primeiros a serem procurados pelas outras pessoas da região. Eles eram os verdadeiros médicos do lugar. Conheciam os segredos da natureza e tinham a habilidade de usar a energia em todas as suas artes de cura. De acordo com uma crença corrente, embora ainda não comprovada, eles eram peritos no uso do som, da música e da voz como modalidade de cura, e muitas vezes eram chamados "os de fala macia" por causa da sua grande habilidade de usar a voz para causar impacto, e de trabalhar com as energias dos outros. Nisto está implícito um conhecimento de usar o som e a força do "Verbo" de acordo com a tradição dos antigos sistemas de mistério.

Nos tempos bíblicos, Samuel formou a Escola dos Profetas. Ele era o grande cantor-iniciado da sua época e, por meio da sua escola, ele transmitiu aos outros seus ensinamentos e técnicas.[14] Os essênios eram os últimos remanescentes da Fraternidade dos Profetas, organizada por Samuel, e há prova mais recente da sua ligação com a primitiva Tradição Pitagórica da Escola de Mistério. Os essênios tinham dois centros importantes — um no Egito, perto do Lago Maoris, e outro na Palestina, perto do Mar Morto. Também tinham comunidades isoladas por toda a região.

Segundo Josefo e Filo, havia alguns milhares de essênios vivendo na Palestina.[15] É bem provável que Jesus tenha encontrado e até mesmo se associado aos essênios até certo ponto. Há algumas possíveis razões para não haver nenhuma referência bíblica com relação a isso. Uma delas baseia-se no fato de que nos evangelhos apenas os adversários costumam ser focalizados. Além disso, o termo "essênio" muitas vezes é objeto de debate

---

14. Andrews, Ted. *The Magical Name* (St. Paul: Llewellyn Publications, 1991), p. xii.
15. Charlesworth, James H. *Jesus within Judaism* (Nova York: Doubleday), p. 61.

dos eruditos, e assim sua influência pode ter ocorrido sob o nome de outras seitas.

"Os essênios dividiam-se em dois grupos; os Chefes de Família e os Iniciados do Templo. Os Chefes de Família se casavam e moravam em casas nas vilas e nas cidades, como pessoas comuns... preparando-se por meio de estrita disciplina espiritual para a santidade da paternidade, com o objetivo de atrair egos evoluídos do mundo celeste que desenvolveriam o trabalho da Ordem e de toda a humanidade.

"O grupo mais esotérico compreendia os Iniciados, que faziam voto de perpétua virgindade e se mantinham imaculados do mundo, vivendo, habitualmente, em comunidades monásticas isoladas, onde podiam devotar toda a sua vida às coisas do espírito. Alguns desses, entretanto, também podiam ser encontrados nas cidades e nas aldeias quando havia um trabalho especial a ser feito...

"Maria e José pertenciam à mais elevada ordem iniciática; daí o seu sacrifício em sair para o mundo e filiar-se ao grau menor dos Pais de Família ter sido muito maior."[16]

Era comum que uma mulher iniciada nas muitas tradições dos mistérios (pagãs e judaicas) fizesse um apelo a uma alma mais elevada para recebê-la no útero e, dessa forma, dar à luz um profeta, um mestre ou um ser semi-divino. Muitos acreditavam que essa pode ter sido a intenção de Maria. A alma, escolhida para uma missão divina, vem do mundo divino livre e conscientemente. Para poder entrar na vida terrena, ela precisa de um veículo especial. Este é o chamado da mãe da elite — ela mesma uma iniciada — alguém que, pela capacidade moral e espiritual, pela pureza da alma e da vida, pelo elevado desenvolvimento dos seus sentidos, atrairia em seu sangue e carne a alma de um redentor ou profeta.

Jesus teria vindo de uma longa história de profetas judeus, pessoas que haviam sido dedicadas ao seu Deus pelos seus pais. As pessoas dessa linhagem com freqüência eram citadas como "Emanuel", o que significa "Deus no meio de nós".

O espírito do Cristo Arcangélico é uma força tão grande que não po-

---

16. Heline, Corinne. *The Blessed Virgin Mary* (Santa Monica: New Age Bible and Philosophy Center, 1986), p. 61.

deria encarnar no útero de uma mulher ou no corpo de uma criança. Um corpo adulto seria necessário, um corpo vigoroso e treinado para conter e abrigar toda a força de um Arcanjo Solar. Para os reencarnacionistas, essa seria uma alma altamente evoluída na qual seria estabelecida a harmonia perfeita nos níveis físico, etérico, astral, mental e espiritual. Quando se conseguisse esse preparo, então o Cristo Cósmico ou Arcangélico poderia encarnar e usar um veículo físico.

A Tradição Rosa-cruz, ao lado de outros estudos ocultistas, se refere a Zoroastro, uma alma altamente evoluída que optou por assumir essa missão através do nascimento como Jesus. (Para alguns, a importância da presença dos três Magos na hora do nascimento indica que os iniciados na tradição de Zoroastro estavam conscientes dessa reencarnação.)

Entretanto, independentemente, do grau de iniciação alcançado pela alma em outras vidas, independentemente do fato de ela ter sido um antigo mestre, a alma ainda teria de reconquistar o Eu Superior e expandi-lo por um esforço renovado. Todas as almas estão ligadas por certas leis universais. A reencarnação obscurece a consciência, exigindo que ela seja reacesa e expandida. Cada alma, cada profeta tem de ser iniciado. O Eu Superior tem de ser despertado e tornado consciente da sua força. Deve existir uma harmonização do corpo físico, etérico e astral com o espiritual. O desenvolvimento, para ser realizado no nível mais elevado, tem de ser feito interiormente — sem que os outros estejam conscientes disso. Essa seria a tarefa daquele que conhecemos como Jesus, durante os anos que antecederam ao "Batismo".

É provável que Maria, de início, só soubesse que uma alma altamente evoluída viria através dela. A extensão do poder e da missão que se manifestariam só poderia ser revelada quando a própria alma estivesse preparada e desperta para elas. Nem mesmo os elevados Iniciados Essênios ou outros místicos da região poderiam dizer a Jesus qual seria a sua missão. Isso teria de provir de *dentro* dele — não de fora —, o que é uma lição para todos nós. Cada pessoa tem de descobrir por ela mesma qual é a sua missão.

O anjo aparece a Maria, dizendo-lhe que ela teria um filho.
Gravura de Gustave Doré

REIVINDICAÇÕES DOS RIVAIS À "FILIAÇÃO DIVINA"

A existência de mais de vinte pessoas investidas com o Poder Divino contesta o veredicto de que Jesus Cristo é o "único filho enviado por Deus". Vinte messias, salvadores e filhos de Deus, segundo a tradição, teriam em épocas passadas descido do céu e assumido a forma de homens. Eles se vestiram de seres humanos e deram evidência incontestável de sua origem divina por meio de vários milagres, de obras maravilhosas e de uma virtude a toda prova. Muitos alegam ter nascido de mães virgens, por volta da época do solstício de inverno. Durante toda a sua vida, eles estabeleceram bases para a salvação do mundo e depois ascenderam outra vez ao céu. Segue-se uma lista parcial deles:

Krishna (Hindustão)	Jao (Nepal)
Buddha (Índia)	Adônis (Grécia)
Osíris (Egito)	Prometeu (Greco-romano)
Odin (Teutônico)	Attis (Frígia)
Zoroastro (Pérsia)	Mikado (Sintoos)
Indra (Tibete)	Beddru (Japão)
Bali (Afeganistão)	Eros (Druida)
Thammuz (Babilônia)	Thor (Escandinávia)
Quetzlcoatl (México)	Baal (Fenícia)
Mohammed (Arábia)	Adad (Assíria)

Embora esses homens tenham existido de fato — e há muitos paralelos — as histórias e mitos foram com freqüência alterados para "acomodar" o processo divino. Veremos que o processo da manifestação de Cristo supera todos os outros de uma maneira surpreendente.

PREPARATIVOS OCULTOS DA MANIFESTAÇÃO DO CRISTO

Para se compreender esse processo dinâmico é preciso fazer algumas considerações importantes. Primeiro, o veículo teria de ser suficientemente forte e desenvolvido, ou o Verbo Solar não seria capaz de se manifestar. Para começar, mesmo que Jesus fosse uma alma altamente evoluída, ainda assim teria de passar por uma grande preparação. Os essênios têm o crédito de terem orientado grande parte desse treinamento e educação. Os anos secretos de viagem registram muitos contatos místicos. Jesus teria de estar familiarizado e ser versado nos ensinamentos místicos de muitos países para poder transmiti-los de maneira compreensível para toda a humanidade. Muito desse treinamento ocorreu durante os "anos em que desapareceu".

Jesus também teria de estar familiarizado com os costumes, com os hábitos, com as decepções, com as hipocrisias, com as tentações e com as fraquezas das pessoas de muitos países. Ele tinha de aprender a lidar com as alegorias, com as analogias, com as metáforas de muitas nações e rotas comerciais a fim de se relacionar com todas as pessoas. Ele tinha de ser muito hábil ao usar o poder das palavras e dos sons. Essas habilidades, uma vez desenvolvidas com maestria, teriam dado um incentivo muito maior do que qualquer outra coisa que a humanidade já tivesse experimentado antes da manifestação de Cristo.

As antigas escolas de Sabedoria tinham basicamente quatro estágios de iniciação:

1. Preparo e Instrução
2. Purificação
3. Realização e Iluminação
4. Visão Superior

Os primeiros dois estágios sempre ocorrem simultaneamente na vida do discípulo. O terceiro e o quarto podem ocorrer em épocas diferentes. A educação do Mestre Jesus começa com o preparo e a purificação. A Iluminação ocorreria na ocasião do batismo. A Visão Superior e sua síntese transmitida à humanidade ocorreriam nos três anos de ministério que se seguiram. Durante esse período, Cristo trabalhou para ajudar a conduzir os outros pelas etapas da iniciação e para deixar um caminho que toda a humanidade pudesse seguir dali para a frente.

É importante entender a importância do Batismo no sentido verdadeiramente esotérico. O Batismo, como o concebemos atualmente, não corresponde ao Batismo das Antigas Escolas de Mistérios. O Batismo moderno está mais próximo do que podemos chamar de "Dedicação no Templo" — a dedicação ou rededicação da alma a um novo caminho e força espirituais. Um verdadeiro batismo à moda dos antigos só ocorreria depois de um preparo e de uma purificação muito rigorosos. A imersão na água, de acordo com princípios espirituais severos, desprenderia a teia etérica ao redor do corpo físico, permitindo que a plena consciência voltasse para o corpo astral, para ali explorar os reinos mais espirituais e etéricos.

Um verdadeiro batismo nesse sentido — se executado sem a adequada purificação e o preparo — dá origem a problemas físicos, emocionais e espirituais. Ele solta a teia etérica e pode de fato abrir o indivíduo para uma "visão espiritual"; mas, pelo fato de o corpo não ter recebido um preparo adequado, o sistema nervoso acaba por entrar em curto-circuito. A média de tempo para acontecer isso varia, mas em geral não demora mais do que cinco a seis anos para que a saúde física e mental da pessoa se deteriore. Corrigir esse dano pode ser difícil e demorado. Devemos ser cuidadosos com os rótulos que usamos.

No seu sentido mais verdadeiro, o batismo é um intenso ritual de iniciação. Trata-se de uma cerimônia de dedicação que reproduz um ritual sagrado ainda "secreto" para a maioria das pessoas. Isso não significa que a cerimônia habitualmente realizada hoje não tenha poder ou força espiritual. Como veremos na segunda metade deste livro, o capítulo "O Ritual do Solstício de Inverno" — a cerimônia da dedicação, tem igualmente uma importância esotérica. Ela está ligada a um dos sete mistérios femininos que o Cristo trouxe de volta.

Na época do Batismo de Jesus, o Cristo desceu para o veículo daquele homem chamado Jesus. A força do Cristo tornou-se ainda mais poderosa devido à sua união com o Espírito Santo — simbolizado pela pomba na narração das escrituras. Essa união foi de importância crucial. Nos Antigos Mistérios, o Espírito Santo é o Mistério do Eterno Feminino, e a tradição secreta nos conta que ele é chamado pelo nome *Iona* no plano astral. A força desse aspecto do amor — a força do Feminino renovado no planeta — afetaria as energias astrais/emocionais da humanidade. É o que supostamente ajudou o Cristo a fazer enormes mudanças; a transformar e a reanimar as almas de todos a quem tocasse.

Até a época do Batismo, o verdadeiro nome de Jesus era Yeshua. Na ocasião do Batismo, ele viria a ser conhecido como Yeheshua, na língua aramaica. No alfabeto hebraico, cada letra tem um significado. Seu nome, seu significado, seu som e até mesmo sua correspondência numerológica

Cristo é batizado por João Batista
Gravura de Albrecht Dürer

têm grande importância. As 22 letras desse alfabeto eram conhecidas pelos videntes hebreus como os 22 degraus para a sabedoria. O "H" é uma letra hebraica, "Heh", que significa "janela". Como comentamos anteriormente, o verdadeiro Batismo proporciona uma visão plenamente consciente do reino espiritual. Através dele, seria aberta uma janela para deixar entrar a luz de Deus. Essa mudança sutil no nome de Jesus faria com que os versados nas artes místicas soubessem que ele era um verdadeiro mestre, embora não os deixasse necessariamente saber que ele era agora o Cristo encarnado. Cada um deles teria de descobrir isso por si próprio.

Esta é a Iluminação, a terceira etapa do processo iniciático. Antes que se possa dar o passo seguinte — a Visão Superior e a Sintetização para a Humanidade (o verdadeiro ministério) — terá de haver a "Tentação". Embora em essência, o Cristo fosse igual a Deus, assim que ele assumiu a forma física, ficou sujeito às leis da evolução. Isso significa que até mesmo ele teria de passar pela fase da "Tentação", que vem depois de toda grande iluminação.

Para a humanidade, trata-se de enfrentar o seu eu inferior, e efetuar totalmente a transmutação de suas paixões mais baixas. Trata-se de um processo muitas vezes denominado, na linguagem metafísica, de "Encontro com os Habitantes do Limiar", de todas aquelas coisas que encobrimos, que empurramos para o fundo do armário e fingimos que não existem, de todas as emoções e pensamentos negativos que criamos nesta vida e em cada uma das vidas. Temos de enfrentar a energia daquilo que espalhamos pelo mundo, temos de nos amar, apesar dele e transmutá-la de uma vez por todas. Precisamos transmutar o "Guardião" que bloqueia o caminho para o mundo espiritual, eliminando da alma e transmutando o último vestígio de nossas emoções mais básicas. Só então poderemos cruzar definitivamente o limiar rumo à verdadeira espiritualidade.

Cristo não tinha um eu inferior, pois ele nunca havia caminhado sobre a Terra. O veículo de Jesus havia sido purificado e limpo do seu "Guardião". A humanidade, por outro lado, tinha um "Guardião" coletivo, um miasma de negatividade que impedia a visão do plano espiritual. Essa negatividade e desequilíbrio coletivos estavam vivos dentro da aura magnética da própria Terra. Esse "Guardião" coletivo tinha de ser enfrentado para que o processo de iniciação mais elevada pudesse ser acelerado em toda a humanidade, e o "Guardião" fosse destruído. Quando o Cristo enfrentou o "Guardião" coletivo, a "cola" que o mantinha se dissolveria, facilitando o processo para cada ser humano eliminar o seu próprio "guardião" e transmutá-lo de uma vez por todas.

É a esse processo que se referem as escrituras quando relatam a retirada de Jesus para o deserto, depois do Batismo. Lá o Cristo seria tentado três vezes pelo "demônio", o Guardião coletivo. As três tentações são as três coisas que mais fortemente aprisionam a humanidade. O convite do demônio para que Jesus transformasse pedras em pão é a tentação dos sentidos inferiores, que têm de ser superados. O demônio então oferece-lhe reinos e todo o mundo, o que representa a tentação do poder que tem de ser superado. O terceiro convite do demônio, para que Cristo se arremessasse do alto do templo em Jerusalém, é a superação do medo, o qual tem de ser enfrentado. (Lembre-se, no entanto, que essas tentações e as explicações dadas a respeito podem revelar significados mais profundos para os que se dispuserem a analisá-las mais detalhadamente.)

Foi no período da "Tentação" que ocorreu a Iluminação de Jesus com a missão e a energia da Consciência Crística, que naquele momento já o eclipsava. Foi durante o período que passou no deserto, aqueles "quarenta dias" que se seguiram ao Batismo, que lhe foi revelado que era necessário tornar acessível a todos o que, até aquele momento, continuava sendo privilégio de uns poucos. Ele deveria pregar o "Evangelho do Reino do Céu" — um termo místico e antigo relativo aos mistérios. Ele teria de colocar os Grandes Mistérios ao alcance dos mais simples e interpretar para eles os ensinamentos dos Iniciados. Para fazer isso, ele lançou mão de uma luz interior, o Poder do Amor e a força da ação — o Feminino Divino manifestando-se por meio do Cristo.

UMA VISÃO OCULTA DO PROCESSO DE INTERVENÇÃO DIVINA

A verdadeira intervenção do Cristo Jesus corresponde à parte do quarto estágio do antigo processo de iniciação — Visão Superior e Síntese. A Visão Superior de Cristo teria agora de ser sintetizada e encenada nos fatos daquela época, de forma que o processo iniciático pudesse tornar-se acessível a toda a humanidade. Assim como todos os mestres e professores tinham de passar pelos quatro estágios (preparação e instrução, purificação, iluminação e realização, visão superior e síntese), os ensinamentos do Cristo Jesus, àqueles que estavam a sua volta, também deveriam passar por esses estágios.

A Preparação e a Purificação

Essa era a espinha dorsal de grande parte da doutrina de Cristo, pois sem o preparo e a purificação adequados, não se podia atingir nem manter a iluminação mais elevada. Esse aspecto moral tornou-se o foco principal do moderno Cristianismo.

O código moral foi o mais radical princípio ensinado, embora seu verdadeiro significado se tivesse perdido para muitos. A base para grande parte das doutrinas secretas que serão analisadas no próximo capítulo diz respeito a esse código moral. A questão da moralidade recebeu grande ênfase. Era por meio dela que Jesus Cristo media o padrão e a qualidade de caráter e a natureza daqueles a quem ministrava seus ensinamentos secretos. Ele a usava para determinar a capacidade dessas pessoas.

Tratava-se de um código moral antigo que continha um elemento muito real de Mistério. Jesus não o criou. Ele não era o único a usá-lo. Esse código já existia há séculos nas Escolas de Mistérios. Ele apresentava um tipo de comportamento de atitudes que permitia uma experiência mais pessoal com o Divino. Supunha-se que somente aqueles que tivessem desenvolvimento espiritual e desdobramento místico, poderiam compreendê-lo ou praticá-lo. A tarefa era pregá-lo de forma sutil e fazer dele um código comum entre as pessoas simples. Para isso, era necessário o poder do Cristo.

A velha moral cívica e religiosa na Palestina daquela época abrangia vários aspectos da vida e, em geral, não era judaica. Ela foi influenciada por muitas culturas e povos. O dever primordial de uma pessoa era para com a comunidade, e esse dever não se baseava em nenhum mandamento divino, mas num mandamento cívico. Para muitos, só o eu físico, mortal podia cometer pecado. A alma dentro do corpo físico era sempre pura, mas estava aprisionada nesse corpo. O comportamento imoral representava uma afronta e o rompimento do código cívico mais do que do divino, a despeito da tradição religiosa. Atos imorais e "pecaminosos" não traziam para o infrator nenhuma condenação divina, no sentido cívico, mas acreditava-se que submeter o corpo a torturas era uma compensação justa para esses atos. A blasfemia era uma exceção, pois só podia ser compensada com a morte. Nesse caso, o corpo físico teria ido longe demais. Para muitos, era sempre o corpo físico que cometia o pecado.

O código espiritual e de comportamento que seria estabelecido por Jesus Cristo, na verdade era bem diferente. Na época, foi considerado extremamente radical e, portanto, com freqüência serviu para inflamar as pessoas de mente mais "cívica". O código do Cristo Jesus, no entanto, tinha algo do código moral dos judeus, mas ia mais longe, a ponto de desvendar todo o mistério da responsabilidade pessoal no processo de evolução:

1. A moralidade era um dever para com o Divino, e não para com a comunidade. Tratava-se de um assunto particular entre o eu interior

da humanidade e Deus. Os códigos morais não eram simples assuntos públicos. Não se tratava do princípio de cooperação com o próximo ou da ajuda aos nossos irmãos e irmãs terrenos, mas da salvação e da evolução da alma: essa era a chave de tudo. Depois que as pessoas compreendessem essa verdade a cooperação seria uma conseqüência natural.

2. Sutilmente, Cristo Jesus revelou a dualidade humana — num sentido diferente do da antiga moral. O ser humano era mais do que um corpo composto de elementos terrenos, com uma alma espiritual presa dentro dele. Cristo se empenhou para fazer as pessoas compreenderem que, assim como a humanidade tem um eu exterior com todas suas necessidades, sensações e suscetibilidade a influências, os homens também têm um eu interior, que pode controlar o exterior. Esse eu interior estava parcialmente ligado à alma. Muitas das parábolas e curas de Jesus eram um meio de demonstrar que a força interior podia controlar a exterior. ("Jesus lhe perguntou: 'Que queres que eu te faça?' O cego respondeu: 'Rabi, que eu possa ver novamente!' Jesus, por fim, lhe disse: 'Vai, a tua fé te salvou.' Imediatamente, ele recuperou a vista e o seguia pelo caminho." Marcos, 10:51-52.)

3. Não foi ensinado, nem estava implícito nos ensinamentos de Jesus, que o corpo físico nada mais era do que uma estrutura mortal — inteiramente sem importância no esquema das coisas, a não ser como um veículo pelo qual o eu interior podia aprender e crescer para atingir uma união mais plena com a alma e, portanto, com Deus. ("Se o teu olho direito te leva ao pecado, arranca-o e atira-o longe de ti, porque é preferível que perca um dos teus membros, a ser todo o teu corpo atirado à geena." Mateus 5:29.)

A compreensão das palavras e da linguagem da época mostrará que, de fato não houve nenhuma insinuação de que o sistema de Cristo se destinasse a trazer salvação para o corpo físico da humanidade. Muitos dos ensinamentos foram expressos em palavras e em frases, indicando muito mais do que uma interpretação simplesmente literal. Há palavras e frases comuns à maioria das tradições dos mistérios — o que indica um significado esotérico para aqueles que as podiam reconhecer. Eis algumas delas:

a criança

a porta estreita

o caminho estreito

o casamento

o que foi salvo

o que nasceu de novo

o Reino de Deus

a porta

a candeia e a luz

a construção do templo

a verdadeira riqueza

a semente e o jardim

a montanha

os mistérios

Todos esses são termos antigos associados com o processo de iniciação e podem ser encontrados nas escrituras de muitos sistemas de mistério do mundo antigo.

4. Na verdade, não se ensinava a salvação da alma. Todas as referências são interpretações equivocadas, um mal-entendido quanto ao princípio secreto que ele transmitia. Para o Cristo Jesus, a alma era imortal, perfeita, divina, e ligada à consciência de Deus. A Salvação, que ele enfatizava, se referia ao eu interior, constituído pela individualidade, o caráter distinto do eu eterno. É esse aspecto que a humanidade está desenvolvendo e desdobrando para se tornar, quando alcançar a sintonia consciente com a alma, o que na linguagem esotérica é chamado de "Mestres da Evolução" — mais do que jamais fomos no princípio. A verdadeira mensagem não foi compreendida porque o público não instruído não pôde estabelecer a distinção entre alma, o eu interior e o eu físico.

Esse eu interior, diferentemente da alma, não é essencialmente imortal, salvo pelas virtudes, pela moral e pela evolução espiritual que desenvolveu. Existe o aspecto relativo ao livre-arbítrio — aquela parte de nós que é livre para escolher e para realizar. É essa parte que estamos nos esforçando para ressuscitar. O eu interior (a individualidade) da humanidade seria desenvolvido e salvo. Era responsabilidade do indivíduo harmonizar o eu interior com Deus, uma entidade digna da existência eterna e da perfeição. É o eu interior que comete os pecados que consistem em violações da lei moral — e não o corpo físico. ("Eu, porém, vos digo: Todo aquele que olhar para uma mulher com um desejo libidinoso já cometeu adultério com ela em seu coração." Mateus 5:28.)

5. Mais importante do que estabelecer e manter um código civil cujo propósito era tornar uma sociedade tolerável ou uma nação idealista, era necessário salvar o nosso eu interior cumprindo o dever para com o Divino. Para ser permanente, a mudança devia vir primeiro de dentro, se fosse imposta, não seria permanente nem efetiva. ("Buscai primeiro o Reino de Deus e tudo o mais vos será acrescentado.")

O Cristo Jesus procedeu de duas maneiras no processo de Preparação e de Purificação, em seu ministério. Primeiro, por meio de encontros abertos, demonstrações e atuações públicas diante das multidões. Segundo, por meio de reuniões secretas com aqueles que continuariam o seu trabalho.

Pode-se concluir, com certeza, que provavelmente dois tipos de pessoas eram admitidas nas reuniões secretas. Havia os que ansiavam por conhecer os fatos e que exigiam sinais e demonstrações. Estes eram sinceros na medida em que procuravam assimilar os princípios ensinados; porém, nem sempre estavam prontos para seguir os preceitos espirituais, ou mudar o rumo de sua vida pessoal. Essas pessoas finalmente foram afastadas. Isso é relatado em várias passagens das escrituras, sendo o exemplo mais destacado o do homem rico que não quis abandonar seus bens e seguir o Cristo (Marcos 10:17-25).

O segundo tipo eram as pessoas que aceitavam com fé sincera todas as verdades e que pouco se importavam com demonstrações. O fato de ter uma vida melhor era recompensa suficiente. Os relatos de Maria Madalena são a melhor evidência dessa realidade.

A Iluminação

O Cristo Jesus sabia que, na Terra, os seres humanos estavam em diferentes graus de evolução. Ele não pretendia "lançar pérolas aos porcos", mas tinha a intenção de revelar os Grandes Mistérios e colocá-los ao alcance de todos. Portanto, ele falou e ensinou de acordo com o desenvolvimento de cada grupo; de posse do Poder do Verbo, ele ocultou seus ensinamentos em termos e frases que criariam uma ressonância — uma resposta — no nível em que o indivíduo pudesse captá-los.

Os ensinamentos e as parábolas de Cristo continham palavras e particularidades que revelavam muito sobre os verdadeiros mistérios para aqueles que desejassem conhecê-los e estivessem dispostos a se esforçar para isso. Eles podem ser divididos em seis categorias principais (segundo Corinne Heline, em sua obra *New Age Bible Interpretation*). Isso é bastante revelador, visto que, na Cabala Hebraica, o seis é o número do Coração e da iniciação na consciência divina. Trata-se do centro da árvore mística da vida, que se relaciona com a fonte de cura e dos milagres. É o nível da Consciência Crística.

1. *Parábolas do Velho e do Novo*: Estes são os ensinamentos do Cristo relativos à mudança de ordem e à nova energia que está vigorando nas eras que estão por vir.

   A parábola do Vinho Novo e do Vinho Velho (encontrada em Lucas, Mateus e Marcos)

   A parábola dos Novos e dos Velhos Tesouros (Mateus 13:52)

   A parábola sobre Remendos Novos em Roupas Velhas (Lucas, Mateus e Marcos)

2. *Parábolas sobre a Preparação para o Discipulado:* Estas analisam as qualidades e dedicação necessárias à iniciação.

   A parábola da Pérola de Grande Valor (Mateus 13:44-46)

   A parábola do Tesouro Escondido (Mateus 13:44-46)

   A parábola da Semente de Mostarda (Marcos e Lucas)

   A parábola do Fermento (Lucas 13:20-21)

3. *Parábolas como Símbolos do Discipulado*: "As sete parábolas são lições sobre os ensinamentos de humildade, de compaixão e de serviço — três colunas encontradas em todo Templo Iniciático." (Corinne Heline, *New Age Bible Interpretation*, Vol. V, p. 56) Quatro foram proferidas a multidões, constituídas de pessoas de vários tipos, e explicadas aos Apóstolos. As outras três foram transmitidas aos Apóstolos em particular. A divisão em quatro e três tem um significado místico, com associações dinâmicas com vários Templos de Mistério. O quatro é a base sobre a qual é erguida a pirâmide do espírito.

   A parábola sobre os Primeiros Lugares (Lucas 14:7-11)

   A parábola do Fariseu e do Publicano (Lucas 18:9-14)

   A parábola dos Trabalhadores da Vinha (Mateus: 20:1-16)

   A parábola dos Talentos (Mateus 25:14-30)

   A parábola das Moedas (Lucas 19:11-27)

   A parábola do Bom Samaritano (Lucas 10:25-37)

   A parábola do Semeador (Marcos 4:3-20)

4. *Parábolas dos Obstáculos contra a Conquista do Objetivo:*
A parábola do Servo Impiedoso (Mateus 18:35)
A parábola do Moço Rico (Mateus 19:16-30)
A parábola do Rico Insensato (Lucas 12:13-21)
A parábola de Lázaro e do Homem Rico (Lucas 16:19-31)
A parábola do Filho Pródigo (Lucas 15:11-32)
A parábola da Moeda Perdida (Lucas 15:8-10)
A parábola da Ovelha Desgarrada (Lucas 15:4-7)
A parábola da Pedra Angular Rejeitada (Mateus, Marcos e Lucas)

5. *Parábolas para o Ensinamento da Regeneração:* Estas trazem o ensinamento mais elevado do processo da alquimia, do discipulado e dos testes ao longo do caminho iniciático.
A parábola da Figueira Estéril (Mateus 21:17-22)
A parábola do Juízo Final (Mateus 25:31-46)
A parábola do Trigo e do Joio (Mateus 13:24-30)

6. *Parábolas de Iniciação:* Estas são ensinamentos do mais profundo significado esotérico. São para as pessoas que encontraram o caminho do discipulado e estão prontas para um trabalho mais profundo que as levará à verdadeira realização.
A parábola das Virgens Sábias e Insensatas (Mateus, 25:1-13)
A parábola do Grande Banquete (Lucas 14:16-24)
A parábola da Roupa Nupcial (Mateus 22:11-14)
A parábola das Bodas do Filho do Rei (Mateus 22:2-10)

Etapas definidas do desenvolvimento e da evolução ocultos são reveladas nas parábolas de Cristo. Embora aparentemente ocultas da maioria das pessoas, descobrir agora o seu valor exige um esforço pessoal. Elas iluminam o "Caminho da Evolução (para as massas) e o Caminho da Iniciação (para poucos)". Elas mostram o que se pode conseguir por meio do processo iniciático. No entanto, diferentemente da iniciação dos outros mestres de Mistérios e Salvadores, a iniciação do Cristo deixara de ser um processo externo, mas uma experiência interior, acessível a todos. Os Mistérios Ocultos de Cristo continuam disponíveis para todos.

"Então seus olhos se abriram e o reconheceram; ele, porém, ficou invisível diante deles."

Lucas 24:31

Capítulo Três

OS MISTÉRIOS DE CRISTO

"Eu sou a Luz do mundo; quem me segue não caminhará nas trevas, mas terá a Luz que conduz à Vida."

João 8:12

A Bíblia é um manual para o desenvolvimento oculto. O Novo Testamento é um manual de iniciação oculta para todos na Nova Era. Cada fato e cada aspecto da vida do Cristo tem um significado oculto no processo iniciático. Nos ensinamentos estão ocultos os Mistérios interiores.

Os Mistérios de Cristo revelam os princípios divinos e as leis naturais do universo. Eles ensinam como desenvolver o poder para trabalhar com elas. Esses Mistérios não são "sobrenaturais" nem incompreensíveis. A palavra "mistério" por si mesma se refere a revelações secretas — uma iniciação em algo que é uma grande verdade e, no entanto, ficou oculta.

Por que os Mistérios de Cristo foram ocultos — como todos os mistérios das antigas sociedades? Alguns podem argumentar que o único propósito da encarnação de Jesus, e da manifestação de Cristo através dele, era revelar e não ocultar. Deve-se chamar atenção para o fato de que grandes verdades podem ser destruídas se caírem em circulação. Elas são dadas como certas quando postas na categoria de fatos da vida diária que são facilmente apreendidos, compreendidos sem esforço e, portanto, destituídos de valor.

O Cristo Jesus sabia disso. Lançar pérolas aos porcos significa perder essas pérolas. Velar os Mistérios da vida e do universo usando palavras e frases de intenso poder universal seria uma forma de levar essas verdades às pessoas, sem desperdiçá-las. Isso revela um grande conhecimento da psicologia humana. Obviamente, Jesus estava ciente de que faz parte da natureza humana valorizar o que é difícil de conseguir. O Cristo Jesus manteve as verdades nas alturas, mas onde poderiam ser alcançadas. Era simples, mas, ao mesmo tempo, difícil de atingir.

Como foi dito no início, a busca pelo oculto é a busca pela interligação e pela divindade oculta que há em todas as coisas. É destino da humanidade conquistar a matéria. Essa busca pelo espírito oculto é uma busca pelo nosso ser mais profundo — pela realidade maior. Não se trata de um caminho que fará com que todos os nossos problemas desapareçam, mas de um caminho para fazer emergir a luz que está oculta em todas as coisas e em todas as pessoas.

Para a pessoa não-iluminada e não-desperta, a idéia de uma vida oculta é um mistério ou algo ridículo, ou ambas as coisas. Para o indivíduo mundano ou profano, o processo de desenvolver potenciais e capacidades mais elevadas era e é um mistério. Os antigos ensinamentos trazem um grande conhecimento à nossa experiência de vida. Esse conhecimento confere um poder que exige responsabilidade. Os antigos ensinamentos que levam à manifestação da visão e do destino mais elevado podem, assim, transcender completamente toda experiência costumeira, a ponto de o nosso centro de percepção ser facilmente abalado.

Por esse motivo, em épocas mais remotas, a iniciação nas verdades mais elevadas era feita sob a rigorosa orientação de um mestre. Hoje, pelo fato de as energias e Mistérios de Cristo estarem mais acessíveis, podemos conquistar nós mesmos as condições para uma iniciação mais elevada e para a expansão da consciência. Para isso, é preciso que se tenha uma idéia mais precisa das energias ocultas da vida, e pressupondo-se uma observação, um discernimento e um julgamento cuidadosos dessas energias. O propósito do caminho espiritual iniciático é ajudar-nos a olhar além das limitações físicas da vida, a aprender a ver as possibilidades criativas da limitação, ao mesmo tempo que as transcendemos.

Os Mistérios do Cristo Oculto ajudam-nos a redescobrir a maravilha e o respeito pelo poder de Deus, e o modo como esse poder vive dentro de nós. Parte do que os Mistérios de Cristo fazem é levar-nos de volta a nós mesmos, para obtermos nossas respostas e nossos milagres. Não é dos livros ou dos mestres que os obtemos — embora estes sirvam a seus propósitos — mas da fonte da verdade que está dentro de nós. Em vez de procurarmos alguma luz que venha do alto e brilhe sobre nós, devemos encontrar a luz oculta no nosso interior, fazendo-a irradiar-se de nós.

A seguir, serão descritos em linhas gerais alguns dos significados ocultos contidos nos verdadeiros Mistérios de Cristo. Eles concorrerão para demonstrar alguns dos entrelaçamentos esotéricos da moderna Escritura Cristã que são mais fáceis de identificar, ajudando a demonstrar o aspecto criptográfico do ensinamento oculto, que exige que busquemos a Luz oculta além das indicações superficiais. A informação que segue também pode motivar uma pesquisa individual cada vez mais intensa. Alguns desses aspectos, juntamente com outros, serão analisados com maiores detalhes na segunda parte deste livro, quando examinarmos as energias ocultas de Cristo atuando através do Ciclo Sagrado das Estações.

OS ENSINAMENTOS OCULTOS DE CRISTO

Podemos encontrar na moderna Escritura Cristã ligações com antigos estudos do ocultismo. Há ligações com a astrologia, com o psiquismo, com o sistema dos chakras do corpo, com os preceitos e problemas do caminho do discipulado e da iniciação, com o processo da cura e da terapêutica holística, com as leis naturais do universo sobre as quais a vida atua, com princípios masculino e feminino do universo e da humanidade; há também um guia para sintonizar e para alcançar o poder nos sete mundos espirituais da vida, e muito mais. As escrituras são um manual de grande conhecimento metafísico e espiritual, necessário para se obter o verdadeiro desenvolvimento.

A finalidade deste livro será apenas mencionar algumas dessas ligações, abrindo a porta para uma análise individual mais profunda. A tarefa do Iniciado de Cristo é assumir a responsabilidade pela própria vida, tomando-a em suas mãos. Por meio da estrutura básica dos mistérios e por meio dos exercícios encontrados no final da Primeira Parte e em toda a Segunda Parte deste livro, podemos nos tornar mais conscientes do significado oculto desse magnífico manual de metafísica.

Uma Visão Geral das Doutrinas Secretas

1. Cristo Jesus nos ensinou sobre a Trindade — a natureza triuna da humanidade. Esta é composta, em um nível, do corpo, da individualidade e da alma. Num nível mais elevado, envolve o princípio masculino, feminino e a criança divina nascida da união íntima de ambos esses aspectos dentro de nós. (Mateus 6:19-22; Mateus 3:16; João 3:34, Lucas 4:18)

   Do ponto de vista do Cristianismo moderno, a Trindade — muitas vezes é considerada o mais original e sagrado dos Mistérios (como o Pai, o Filho e o Espírito Santo) — só foi adotada pela Igreja no século XII. Posteriormente, no Concílio Luterano (século XVI), os líderes da Igreja a proclamariam fundamental. Portanto, temos de fazer uma distinção entre a Trindade do Cristianismo moderno e o Triângulo Sagrado, ou Trindade, dos Antigos Mistérios.

2. Cristo Jesus revelou os estranhos segredos da mente humana, particularmente com respeito a sua influência sobre a saúde do corpo físico. Esse assunto será analisado melhor quando falarmos das Leis Naturais do Universo, que o Cristo Jesus ensinou a seus discípulos. (Mateus 6:22-23)

3. Cristo Jesus nos ensinou sobre os desejos e impulsos do corpo físico e sobre como eles são transmitidos ao eu interior para que este decida e escolha como agir frente a eles. Sendo assim, o eu interior, de acordo com as suas decisões, escolhas, e as ações que delas resultaram, tem de assumir a responsabilidade pelas suas ações e pensamentos. (Mateus 5:27-30)

4. Cristo Jesus nos ensinou que o corpo físico não pode ser considerado responsável pelos seus atos, visto que não possui nenhum grau de consciência. Não se pode fazê-lo sofrer num tempo futuro, visto que

não tem um tempo futuro. O físico está mudando constantemente, e, ao trabalhar com essas mudanças, certos métodos de cura podem acarretar mudanças rápidas de natureza física e material no corpo. Há mais do que vinte exemplos de cura nas escrituras, cada um reforçando ou demonstrando um método pelo qual se pode promover a cura do corpo. É preciso uma abordagem mais holística, uma que envolva a manipulação e a orientação consciente da energia de um nível que seja mais do que puramente físico.

5. Cristo Jesus nos ensinou que o eu interior é independente do físico. (Marcos 6:34-44)

6. Cristo Jesus nos ensinou como a consciência pode ser projetada para um ponto distante e lá se tornar visível ou observar a situação. A projeção da consciência ou do eu representava o primeiro passo num processo místico de vida que exigia um maior domínio das principais leis naturais e espirituais da vida. Essas Doze Leis Naturais fundamentais, ensinadas pelo Cristo Jesus, serão analisadas neste capítulo.

7. Cristo Jesus ensinou como evocar a essência de um ser distante e trazê-la à própria presença, para torná-la palpável ou visível — como na passagem da Transfiguração. (Lucas 9:28-36)

8. Cristo Jesus ensinou aos discípulos e Apóstolos o Poder do Verbo, especialmente quando aplicado à Lei da Oração. A oração dada como exemplo — o Pai Nosso — tem uma importância esotérica, que encerra sete, nove e doze significados diferentes.

9. Cristo Jesus nos ensinou também, com relação ao "Poder do Verbo", que fazer ou dizer algo "em seu nome" significava em nome dos Christos. Essa era uma técnica de invocar todo o poder do Arcanjo Solar, e colocá-lo em ação. Trata-se da fórmula cuja explicação e prática formariam parte do mistério do "Verbo".

10. Cristo Jesus nos ensinou sobre o processo da transmutação alquímica. A transformação da água em vinho, a multiplicação dos pães para alimentar a multidão e a "Última Ceia" envolvem o processo esotérico da alquimia do espírito — a transmutação do mais grosseiro no mais sutil.

11. Cristo Jesus nos ensinou sobre o princípio e o poder da fé.

12. Cristo Jesus nos ensinou a ampliar a nossa aura para que as radiações da consciência divina possam curar através dela.

13. Cristo Jesus demonstrou e ensinou como a oração e o som têm efeitos benéficos na consciência. (Mateus 6:5-15, Mateus 7:7-12)

14. Cristo Jesus nos ensinou sobre a doutrina da imortalidade. (João 14:1-4)

15. Cristo Jesus nos ensinou sobre a antiga doutrina da reencarnação. (Gálatas 6:7)

As Leis Naturais do Universo

Vivemos num universo de energia. Essa energia atua dentro e ao redor de nós de acordo com leis e princípios básicos. Quando aprendemos a lidar com essas leis e princípios, sentimos que a vida é mais perfeita, mais abundante e mais próspera. Descobrimos que não estamos à mercê das "circunstâncias" da vida. Aprender a usar ou a trabalhar com essas leis e princípios nos impulsiona ao longo do caminho, rumo a um destino mais alto, e abre o grande reservatório da energia universal.

Essas leis e princípios atuam quer estejamos conscientes deles quer não. Ao nos tornarmos conscientes deles e ao trabalhar com eles, podemos controlar o que aparentemente é "incontrolável". Essas leis e a energia que elas controlam são neutras e impessoais; elas existem e atuam sobre todos, independentemente de se acreditar nelas ou não.

Todas as antigas tradições de Mistério ensinam sobre o uso de determinadas leis e princípios que controlam as energias do universo. Cada uma delas expressou as leis e princípios de acordo com a sociedade da época, ajustando e adaptando-os de modo que fossem mais bem recebidos. Os egípcios os conheciam como os "Princípios Herméticos". O moderno aspirante cristão os denominam as "Doze Leis Naturais".

No Cristianismo Oculto, o doze era um número importante e poderoso. O doze, na antiga ciência da numerologia, é um número universal. Ele representa o quadrante de três. Três é o número da Criança Divina — o Cristo manifestado na Terra. Os quatro três que compõem o doze são o Cristo manifestando-se através dos quatro elementos que compõem a vida física — o fogo, o ar, a água e a terra. O doze muitas vezes significa descanso e conclusão no final de um ciclo. É o número espiritual do entendimento, da sabedoria feminina obtida por meio do sacrifício.

Houve doze Apóstolos. Como veremos, esses doze Apóstolos estavam sintonizados com os doze signos do zodíaco. A Cidade Sagrada do Apocalipse tem doze portas. Para o discípulo da Nova Era, o tradicional sistema dos sete chakras se tornará o sistema de doze chakras, os doze centros e poderes espirituais que estão dentro do ser humano. Também há doze características a serem desenvolvidas pelo discípulo da Nova Era e doze expressões de energia que ajudam no desenvolvimento dessas qualidades. Portanto, não deve causar espanto o fato de descobrirmos que o Cristo Jesus nos ensinou sobre Doze Leis Naturais do Universo.

1. *A Lei do Pensamento:* "O teu olho é como uma lâmpada para o teu corpo. Portanto, se o teu olho estiver são, todo o teu corpo estará na luz, mas se o teu olho estiver doente, todo o teu corpo estará em trevas. E se a luz que está em ti são trevas, como serão grandes essas trevas!" (Mateus 6:22-23)

   Essa lei nos ensina que aquilo em que nos concentramos é o que pomos em movimento à nossa volta. A sua mente cria o bem e o mal na sua vida. Suas idéias determinam o que vai ser criado. Toda energia segue o pensamento! Onde pomos nossos pensamentos, é para onde flui a energia.

2. *A Lei do Suprimento:* "Pedi e vos será dado, procurai e achareis, batei na porta e ela se abrirá para vós." (Mateus 7:7)

   Essa lei nos ensina que onde não há exigências não há suprimento. Temos de nos conscientizar de que existe no universo um suprimento infinito para nós, mas temos também de pedi-lo. A abundância é a consciência da totalidade.

3. *A Lei da Atração:* "Pois onde está o vosso tesouro, aí estará também o vosso coração." (Lucas 12:34)

   Os semelhantes se atraem. A energia, assim como a eletricidade, é magnética. O que nós emitimos, recebemos de volta. Vibrações e energias semelhantes se atraem. Elas ressoam entre si. Essas energias podem ser físicas, emocionais, mentais e/ou espirituais. Temos de aprender a perguntar a nós mesmos: "O que, na minha consciência, está atraindo as circunstâncias da minha existência?"

4. *A Lei de Receber:* "Por isso eu vos digo: conquistai amigos com a riqueza injusta para que, quando esta vier a faltar, esses amigos vos acolham nas moradas eternas! Quem é merecedor de confiança nas coisas pequenas também será nas grandes. E quem é desonesto nas mínimas coisas, será desonesto também nas grandes. Portanto, se não fostes dignos de confiança quanto às riquezas alheias, quem vos confiará a que vos é própria?" (Lucas 16:9-11)

Esta geralmente é uma das leis mais malcompreendidas, especialmente numa sociedade cuja religião enaltece os "mártires". Temos de aprender a dar e a *receber*! Muitas pessoas recusam dádivas que poderiam dar início ao processo de abundância simplesmente porque se sentem "indignas" delas. Dar é maravilhoso, mas receber também é. Se nos recusarmos a receber pequenas coisas na vida (isto é, elogios, a ajuda que nos é oferecida, simples expressões de gratidão, etc.), o universo não nos proporcionará as coisas maiores que desejamos manifestar ou receber. Portanto, elas sempre serão difíceis de alcançar. À medida que aprendemos a receber as pequenas coisas, geramos o impulso magnético que atrairá as grandes para a nossa vida.

5. *A Lei do Progresso:* "Dai e vos será dado; será derramada no vosso regaço uma boa medida, calcada, sacudida, transbordante, pois com a medida com que medirdes sereis medidos também." (Lucas 6:38)

Temos de ter fé e consciência de que estamos progredindo. Podemos aprender a expressar essa fé dando graças antes de receber. Velada dentro dessa lei está a outra metade da "Lei da Receptividade". Temos de aprender a receber, mas também temos de aprender a *dar*. As duas atitudes juntas criam um ciclo de progresso que se perpetua.

6. *A Lei da Compensação:* "Não vos enganeis: De Deus não se zomba. Cada um vai colher aquilo que semeia." (Gálatas 6:7)

Nos círculos metafísicos menciona-se às vezes esta lei como a lei do karma, ou da causa e efeito. Ela se refere à manifestação de ações e de situações que resultam do uso do livre-arbítrio no passado. Ela é neutra, compensando-nos pelo bem e pelo mal. Toda ação tem uma reação igual, porém oposta. O que irradiamos para fora, recebemos de volta. Para os antigos hermeticistas, trata-se da lei que afirma: "Toda causa tem um efeito; todo efeito tem sua causa; tudo acontece de acordo com a Lei; o acaso não passa de um nome para o não-reconhecimento da Lei; há muitas causas, mas nenhuma escapa a essa Lei." Compreender isso nos ajuda a entender que todos estamos ligados a todas as coisas, a todas as pessoas, a todos os tempos e a todos os lugares.

7. *A Lei da Não-Resistência:* "Eu, porém, vos digo: não resistais ao homem mau; antes, àquele que te fere na face direita oferece-lhe também a esquerda." (Mateus 5:39)

Esta é a lei que nos ensina a "seguir com a corrente". As coisas acontecem na hora determinada por Deus e não quando nós determinamos que aconteçam. Resistir e lutar contra o negativo faz com que estabeleçamos um vínculo com ele — criando a ressonância que ativa a lei da atração. Temos de aprender a reconhecer que todas as pessoas e situações que nos cercam representam fatores de aprendizado. Às vezes essa lei é chamada de lei da sincronicidade — os fatos acontecem na hora e do modo que é melhor para nós, se permitirmos isso. Fazemos o que temos de fazer e então deixamos que os fatos aconteçam por si mesmos.

8. *A Lei do Perdão:* "Não condeneis, para não serdes condenados." (Lucas, 6:37)

A menos que aprendamos a perdoar de verdade e a reconhecer todas as coisas como oportunidades de aprendizado, ficaremos presos ao "karma" da situação. Quando nos recusamos a perdoar, entramos em sintonia com níveis sutis e provocamos implicações kármicas. Isso é especialmente verdadeiro quando se trata de perdoar a nós mesmos. Temos de aprender a perdoar as nossas próprias idiossincrasias e a não nos censurarmos severamente pelos nossos erros. Pois, do contrário, isto estimulará a Lei da Atração de maneira negativa. Algumas vezes o único modo de crescer é por meio de lições difíceis. Dentro de cada um de nós existe uma criança, e temos de decidir se vamos ridicularizar e culpar essa criança ou se vamos perdoá-la, protegê-la e ensinar-lhe novas formas de fazer as coisas.

9. *A Lei do Sacrifício:* "Estreita, porém, é a porta e apertado o caminho que conduz à Vida. E poucos são os que o encontram." (Mateus 7:14)

O sacrifício faz parte de todas as coisas, mas temos de aprender a não associá-lo à dor e ao sofrimento. Muitas vezes os pais se sacrificam por seus filhos e tiram disso grande alegria. Quando nos sacrificamos, desistimos de alguma coisa em favor de outrem. O sacrifício não é negativo; ele ensina a ter uma disciplina maior e pode ser muito gratificante. Aprender a deixar de lado um aspecto da vida para que outro possa ser conquistado, nos ensina a ter responsabilidade, disciplina e a expressar e desenvolver da melhor forma o nosso livre-arbítrio.

10. *A Lei da Obediência:* "E Jesus, respondendo, disse-lhes: Dai, pois, a César o que é de César, e a Deus o que é de Deus. E muito se admiraram dele." (Marcos, 12-17)

Enquanto estivermos no plano material, haverá certas leis naturais que têm de ser obedecidas. Ignorar as Leis Naturais e Espirituais faz com que se manifeste uma variedade de desequilíbrios e de problemas. Sendo assim, é necessário aprender tanto quanto possível sobre essas leis que atuam na nossa vida. Não há desonra na obediência se a ordem for justa. Obedecer ao eu interior e às leis que o regem nos traz uma nova liberdade e novos padrões de energia. A obediência cabe tanto nos reinos físicos quanto nos reinos espirituais. É ela que traz harmonia à nossa vida.

11. *A Lei do Sucesso:* "Na verdade, na verdade vos digo que aquele que crê em mim também fará as obras que eu faço, e as fará maiores do que estas; porque eu vou para o meu Pai." (João 14-12)

Não nos é negado nada, salvo o que negamos a nós mesmos. Os obstáculos e provações nos ajudam a despertar para nossos poderes inatos. Somos feitos para o sucesso. Alcançamos o sucesso se nos esforçarmos e praticarmos corretamente as Leis do Espírito e da Natureza. As forças divinas estão disponíveis para aqueles que ajudam a si mesmos. O desenvolvimento dos nossos potenciais não ocorre em situações criadas artificialmente, mas quando usamos as leis nos fatos do nosso cotidiano. As leis do universo divino nada negam à humanidade.

12. *A Lei do Amor:* "E Jesus lhe disse: Amarás o Senhor, Teu Deus, de todo o teu coração, e de toda a tua alma e de todo o teu entendimento.

Este é o primeiro e grande mandamento. O segundo é semelhante a esse: Amarás o teu próximo como a ti mesmo. Desses dois mandamentos dependem toda a lei e os Profetas." (Mateus, 22:37-40)

Esta é a maior das leis. Ela sobrepõe-se a todas as outras. Ela supera o karma e todas as condições da vida, mas devemos estender incondicionalmente o amor por nós mesmos e pelos outros. Ela abre o universo inteiro para nós. Um dos significados esotéricos desta lei é que sua aplicação adequada ativa o que é chamado de terceiro olho ou chakra frontal — o lótus de duas pétalas (mencionado no mandamento de duas partes). Ela é a chave da encarnação do Cristo, o sacrifício de um Regente Solar por um Logos Planetário, para a implantação e estimulação de uma centelha do Amor Divino e de Sabedoria em toda a humanidade. Trata-se da chave para despertar o Feminino Divino.

Todos os "milagres" de Cristo Jesus serviram para demonstrar à humanidade quais eram as potências interiores que estavam por desenvolver. A palavra "milagre" significa "algo maravilhoso". Esse "algo maravilhoso" não representa nenhuma violação das leis naturais, porém muito mais a aplicação correta das mesmas em todas as áreas da vida!

O SIGNIFICADO OCULTO DOS APÓSTOLOS

Entre os que deveriam receber os ensinamentos do Cristo Jesus havia uma hierarquia definida. Primeiro houve os doze Apóstolos. Em seguida houve os 144 discípulos, que teriam de trabalhar com aqueles doze. (Em Lucas 10:1, lemos: "Depois disso, o Senhor designou outros setenta e dois e, dois a dois, enviou-os à sua frente a toda a cidade e lugar aonde ele próprio devia ir." Se havia "outros setenta e dois" isso significa que já haviam sido preparados e enviados outros setenta e dois. Esses 144 seriam então divididos em grupos de doze, supervisionados por um dos doze Apóstolos. Além disso, é claro, havia a multidão para quem Jesus pregava.

Os Apóstolos e os 144 discípulos foram educados na antiga doutrina para transmitir os ensinamentos que recebiam. Os Apóstolos não deviam se considerar merecedores de uma bênção individual. Fora-lhes dada a tarefa de propagar as verdades e os Mistérios como "administradores dessas verdades". Eles não deveriam reter o conhecimento e a sabedoria sagrados nas suas consciências como se fossem de sua propriedade. Um dos mais antigos princípios místicos que todos têm de aprender — ser dignos do conhecimento e do entendimento mais elevado — é fazer isso unicamente como um canal do Divino. Qualquer tentativa de reter esse conhecimento secreto e qualquer fracasso em divulgá-lo aos que eram dignos dele — mesmo que este conhecimento não fosse usado egoisticamente — constituiria uma falha no cumprimento das nossas obrigações e responsabilidades. Isso era considerado um "pecado" muito maior do que usar o conhecimento para benefício próprio com muita freqüência.

Cristo Jesus dividiu o programa de atividades terrenas em doze grupos, cada um sob a responsabilidade de um dos Apóstolos. Dos 144, foram escolhidos doze discípulos e aprendizes para trabalhar para cada um dos Apóstolos. Portanto, havia um microcosmo dos seus ensinamentos. Cristo Jesus tinha doze pessoas principais, e cada Apóstolo tornou-se uma "Figura Crística" para o seu grupo. Na tradição esotérica havia também doze "Apóstolos" femininos orientados pela mais alta mulher Iniciada da época — Maria. Analisaremos os "Mistérios Femininos" posteriormente, no próximo capítulo.

Como já dissemos, todos os fatos da vida de Jesus Cristo e todos os aspectos mencionados nas escrituras são alegorias e símbolos que têm um significado maior. Até mesmo os Apóstolos têm um significado oculto. Eles não foram só figuras históricas; eles foram escolhidos para representar "alegorias" vivas de aspectos dos antigos mistérios secretos.

Das multidões que o cercavam, Cristo Jesus escolheu os doze Apóstolos para constituir o seu círculo mais íntimo. Eles não eram doze "pescadores" ignorantes, como muitas vezes se pensa. Cada um deles tinha um grau de iniciação esotérica que os tornava aptos a receber o ensinamento dos Mistérios Superiores de Jesus Cristo. Portanto, aqueles que procuraram examiná-los de uma perspectiva não histórica perceberam que eles têm um grande significado esotérico.

Ao analisar as correspondências astrológicas ocultas dos Apóstolos, considerei os doze originais — incluindo Judas Escariotes. Conquanto depois da sua morte ele tenha sido substituído pelo apóstolo conhecido como Matias, é importante entender que Judas também representou um atributo da humanidade e um aspecto importante do processo iniciático. Ele é um símbolo dinâmico do homem inferior, que tem de ser morto ou trairá o Eu Superior. Matias, que substitui Judas entre os doze, é o homem redimido.

Os doze Apóstolos representam qualidades e características variadas, simbolizando a criatividade atuante universal na humanidade, e mostram que o caminho iniciático está aberto a todos. Eles têm de ser considerados simbólica e historicamente, pois eles serviram a uma função dinâmica ao revelar os mistérios a todas as pessoas. Entender o significado oculto dos Apóstolos pode nos revelar muito sobre o nosso próprio caminho de iniciação.

A chave para entender parte do significado oculto dos Apóstolos está em entender as correspondências astrológicas. É difícil entender muito do significado oculto nas escrituras bíblicas sem ter a formação astrológica. Os antigos videntes viviam em estreita comunhão com as estrelas e com os seres celestiais associados a elas. As imagens e os símbolos das antigas escrituras, das parábolas e dos ensinamentos, estão ligados aos símbolos e às imagens da astrologia esotérica. É difícil separá-los — é impossível, se quisermos alcançar a verdadeira compreensão.

O SIGNIFICADO ASTROLÓGICO DOS APÓSTOLOS

Signo Astrológico	Apóstolo	Símbolo Comum
Áries	Tiago	O bastão do peregrino
Touro	André	A cruz transversal
Gêmeos	Tomé	O esquadro do construtor
Câncer	Natanael	Grande faca
Leão	Judas/Matias	A lança
Virgem	Tiago, o Justo	A clava
Libra	Judas Tadeu	A lança
Escorpião	João	O cálice
Sagitário	Filipe	O bastão com a cruz
Capricórnio	Simão	A serra
Aquário	Mateus	A bolsa
Peixes	Pedro	As chaves

(Esses aspectos serão analisados mais adiante, na segunda metade deste livro, e relacionados com a Celebração do Solstício de Inverno nos Mistérios de Cristo.)

OS ATRIBUTOS ESOTÉRICOS DOS APÓSTOLOS

Os Apóstolos também eram símbolos de determinadas qualidades esotéricas, e também representavam aquilo que podia ser desenvolvido ao se seguir determinados cursos de ação ou trabalhando com certos princípios cósmicos de expressão da energia:

Apóstolo	Atributos e Qualidades	Princípios Cósmicos
Pedro	Ação; fé	Atividade
Tiago	Aspiração; esperança	Vontade
João	Regeneração; devoção; amor	Sabedoria (Sofia)
André	Humildade; força	Atração
Tomé	Ceticismo; discernimento	Contração
Mateus	Serviço; vontade espiritual; força do hábito	Cristalização
Filipe	Conhecimento espiritual	Reflexões e relacionamentos
Natanael	Intuição; imaginação; sonho	Adição e Prosperidade
Tiago, o Justo	Método; crescimento	Espírito de expansão
Judas Tadeu	Coragem	Construção
Simão	Zelo; rebelião, catalisação	Repulsa
Judas/Matias	Paixão; redenção	Destruição

OS APÓSTOLOS E O QUE REPRESENTAM

Apóstolo	Tipo de pessoa que representa
Pedro	Os ativos e ocupados
Tiago	Os que aspiram a alguma coisa
João	Os devotos
André	Os humildes sobre o planeta
Tomé	Todas as pessoas céticas
Mateus	Todos os serviçais ou os que providenciam serviços
Filipe	A pessoa comum
Natanael	Os sonhadores do mundo

Tiago, o Justo	Todos os metódicos e racionais
Judas Tadeu	Todos os que vivem corajosamente
Simão	Todos os rebeldes
Judas/Matias	Os passionais e todos os que traíram ou que foram traídos (portanto, os que corrigem as coisas).

No círculo interior dos doze apóstolos também havia uma hierarquia interna de desenvolvimento. Corinne Heline divide-os em três categorias de preparação e de graus de disciplina e de iniciação:

1. *Grau de Mestre* (Tiago, João e Pedro)
   Esses três presenciaram a Transfiguração e também acompanharam o Cristo Jesus ao Horto de Getsêmani para assistir aos preparativos finais. As qualidades associadas com eles são a fé, a esperança e o amor. A 1ª Carta aos Coríntios traz: "Agora permanecem a Fé, a Esperança e o Amor. Mas a maior dessas qualidades é o Amor." O amor é a qualidade associada ao Apóstolo conhecido como o "Apóstolo amado" de Cristo Jesus ou aquele "a quem ele amou". Esses também são os símbolos dos três pilares do Templo da Nova Era.

2. *Grau de Companheiro* (André, Tomé, Mateus, Filipe e Natanael)
   Esses homens só receberam as iniciações finais depois da morte e da ressurreição de Cristo, porém eram mais desenvolvidos e instruídos na tradição esotérica do que Tiago, João e Pedro.

3. *Grau de Aprendiz* (Tiago, o Justo; Judas Tadeu; Simão e Judas Escariotes).
   Embora estejamos estabelecendo diferenças nos graus de iniciação desses Apóstolos, devemos ter em mente que esses diferentes estágios eram imperceptíveis para a maioria das pessoas. Todos os Apóstolos eram versados no estudo esotérico. Jesus Cristo estava servindo como seu iniciador e os estava preparando para continuar esse processo iniciático cada um a seu modo. É provável que os Apóstolos deste grau tivessem pouca experiência no processo de aprendizado e, portanto, podem ser classificados como aprendizes. Eles eram versados na tradição esotérica, mas ainda não haviam tido a oportunidade de praticá-la ou de transmiti-la.

OS ASPECTOS OCULTOS DO SERMÃO DA MONTANHA

Nenhum estudo dos Mistérios de Cristo teria valor se não analisasse os aspectos esotéricos do "Sermão da Montanha".

Nele está contido todo o foco dos ensinamentos de Cristo. É por meio do sermão que o Cristo difunde as novas leis, baseadas no *Amor* e não no medo. Nesse sermão, todas as advertências de Jesus dizem respeito à necessidade de se expressar o amor de uma maneira nova e mais intensa para se atingir a auto-realização. Como analisaremos na segunda parte deste livro, o sermão da montanha ocorreu por volta do solstício de verão, o ápice do ciclo das energias de Cristo no Ano Sagrado da Alma.

As expressões de amor sobre as quais Jesus falou são impossíveis sem certas qualidades. Elas requerem completo domínio de si mesmo, total dedicação e consagração à vida espiritual. Exigem que "não se resista ao mal" — que não se pense no mal sofrido, mas que se pense no curso de ação mais adequado para ajudar aquele que praticou o mal. Trata-se da expressão do amor através da justiça temperada com a compaixão. Ela requer o serviço ao próximo em todos os níveis — compreensão, gentileza, encorajamento. A amargura decorrente de fatos passados deve ser esquecida ou ela criará laços que futuramente criarão obstáculo aos que alimentam essa amargura — nesta vida ou na seguinte.

Todos os ensinamentos e fatos da vida de Cristo Jesus têm um significado exotérico (exterior) o esotérico (interior). Muitos percebem esse significado esotérico e conseguem compreendê-lo. No entanto, os ensinamentos de Cristo se destinavam a despertar o coração das pessoas de tal forma que elas pudessem viver esse significado interior. Esse sermão magnífico contém os três maiores métodos e chaves para o despertar do coração — a reexpressão do Amor como uma força dinâmica no mundo (O Feminino Divino):

1. As Bem-aventuranças
2. A Regra de Ouro
3. O Pai-Nosso.

Tudo isso tem um significado oculto muitas vezes perdido pelo leitor ou pelo estudante desatento. Cada um dos métodos pode ser analisado em muitos níveis. Concentraremos nossa análise nas Bem-aventuranças para

O Sermão da Montanha
Gravura de Gustave Doré

demonstrar como elas podem desvelar muito dos ensinamentos esotéricos dos Antigos Mistérios. (Faremos um breve comentário sobre o Pai-Nosso no capítulo sobre "A Ressurreição dos Mistérios Femininos".) O Sermão da Montanha, em sua versão mais completa, é relatado em Mateus, do quinto até o sétimo capítulos. As Bem-aventuranças são tratadas em Mateus 5:3-12. Abaixo estão relacionados a idéia ou qualidade principal a cada uma das Bem-aventuranças; o planeta que corresponde a cada uma delas, de acordo com a astrologia; seu lugar na Árvore da Vida da antiga Cabala Hebraica (veja p.86) e uma breve explicação a respeito.

"Bem-aventurados os pobres de espírito, porque deles é o Reino dos Céus."

Idéia principal = humildade
Planeta = Terra
Árvore da Vida = Malkuth (o Reino)
Malkuth está na base da Árvore da Vida. É o repositório de todas as energias do universo, que de lá vêm e fluem em direção à base da árvore. A Árvore da Vida é o microcosmo; portanto, a tarefa do aspirante é "escalar a árvore" — elevar-se da energia do Reino da Terra para o Reino do Céu.

"Bem-aventurados os aflitos, porque eles serão consolados."

Idéia principal = consolação
Planeta = Lua
Árvore da Vida = Yesod (Alicerce)

A Lua é o símbolo do subconsciente — aquela parte de nós que controla as emoções. O subconsciente sabe que há muito mais coisas na vida do que podemos perceber e experimentar conscientemente, e, portanto, muitas vezes ele clama por experiências mais elevadas por meio de sonhos, da mediunidade e de intuições. Isso forma um alicerce que pode nos confortar nas circunstâncias externas da nossa vida. Pode ajudar-nos a entender que há muito mais na vida — mesmo que não entendamos.

"Bem-aventurados os mansos, porque eles herdarão a Terra."

Idéia principal = receptividade aos Ensinamentos mais elevados

Planeta = Mercúrio

Árvore da Vida = Hod (Esplendor/Glória)

Não se deve confundir mansidão com timidez. Ser manso é estar aberto, receptivo com relação ao novo conhecimento e à verdade. À medida que nos abrimos à verdade e ao novo conhecimento, a vida flui melhor e temos a oportunidade de aplicar o conhecimento que recebemos, tornando-nos, assim, capazes de controlar nossa vida e, portanto, capazes de "herdar a terra".

"Bem-aventurados os que têm fome e sede de justiça, porque eles serão saciados."

Idéia principal = o uso criativo das paixões

Planeta = Vênus

Árvore da Vida = Netzach (Vitória)

Nossas paixões e emoções podem fazer com que fiquemos com fome e com sede daquilo que talvez possa não ser benéfico a nós. À medida que aprendemos a direcionar o impulso criativo de nossas paixões, usando-o de modo controlado e não voluntarioso, nos cercamos das forças vitais criativas, de amor e de idealismo.

"Bem-aventurados os misericordiosos, porque eles alcançarão a misericórdia."

Idéia fundamental = misericórdia abundante e compaixão divina

Planeta = Júpiter

Árvore da Vida = Chesed (Compaixão)

A abundância que temos em qualquer área da nossa vida é proporcional à abundância que proporcionamos aos outros. Quanto mais damos, mais recebemos; como já vimos, isso é parte da lei natural. Isso envolve a Lei da Compensação e a Lei da Receptividade, em conjunção com a Lei da Atração.

"Bem-aventurados os puros de coração, porque eles verão a Deus."

Idéia principal = pureza e transmutação através do Amor

Planeta = Sol
Árvore da Vida = Tiphareth (Beleza)

No capítulo anterior, sobre as parábolas, analisamos rapidamente o significado do número seis. Na Árvore da Vida, o sexto nível é Tiphareth, o nível da Consciência Crística — atingido apenas por meio da pureza e do processo alquímico da transmutação. Tiphareth é o nível de consciência da humanidade em que são ativadas as energias de cura — uma das mais dinâmicas dádivas demonstradas pelo Cristo Jesus. Quando a pessoa desperta plenamente o centro do seu coração — representado na astrologia pelo Sol e, na cabala, por Tiphareth — a visão mais elevada do Divino se abre para ela.

"Bem-aventurados os que promovem a paz, porque serão chamados filhos de Deus."

Idéia principal = força por meio da Harmonia
Planeta = Marte
Árvore da Vida = Geburah (Severidade e Força)

Trabalhar pela paz requer disciplina e força. Cada um de nós terá de aprender a manter a paz e a harmonia em si mesmo, e, portanto, no mundo. Isso é conquistado por meio de uma forte afirmação de força da vontade divina dentro de nós. Se não forem usadas de forma equilibrada, a disciplina e a força se tornarão exageradas e cruéis. Temos de desenvolver nossas forças como se elas fossem crianças — com firmeza e com gentileza. O resultado será a paz.

"Bem-aventurados os que são perseguidos por causa da justiça, porque deles é o Reino dos Céus."

Idéia principal = entendimento mais profundo do sacrifício
Planeta = Saturno
Árvore da Vida = Binah (Entendimento)

Toda a vida serve a um propósito. O caminho do aspirante ou do discípulo está repleto de escolhas e de decisões, e algumas vezes de tristezas e de obrigações. À medida que aprendemos a entender seu significado oculto, a clareza do caminho que estamos percorrendo se cristaliza. Con-

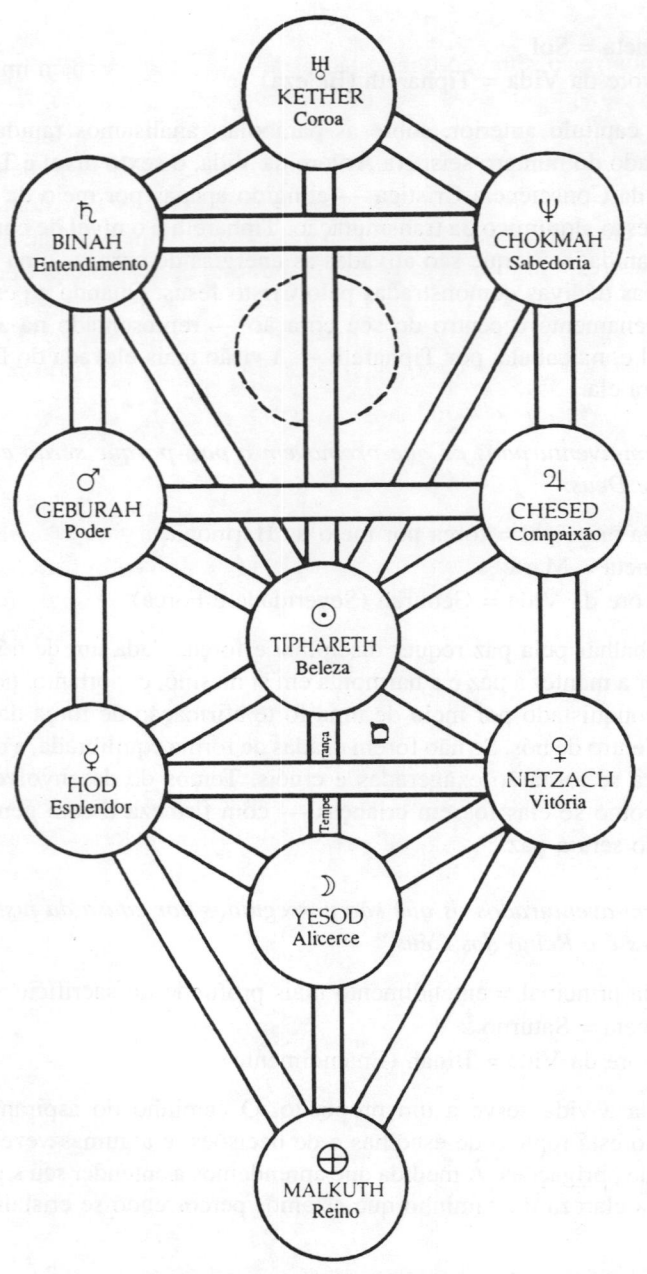

Árvore Mística da Vida na Cabala Hebraica.

seguimos ver o reino ao qual está nos levando. Isso também implica a lei oculta do karma. Um verdadeiro discípulo opta por acelerar o seu crescimento, aceitando plenamente as provações e as lições da vida. Ele precisa acelerar o resgate do seu karma, de tal forma que, no curso de uma vida, ele faz o trabalho de dez. Essa tarefa pode parecer pesada demais, mas é correto que todo karma tem de ser resgatado. À medida que assumimos as nossas responsabilidades obtemos o direito ao Reino dos Céus.

"Bem-aventurados sois vós, quando vos injuriarem e vos perseguirem, e, mentindo, disserem todo o mal contra vós, por minha causa."

Idéia principal = autodomínio e o poder da fé
Planeta = Netuno
Árvore da Vida = Chokmah (Sabedoria)

Netuno é conhecido como o planeta da divindade. Ele simboliza a mente inconsciente, aquela que estamos nos esforçando para tornar mais consciente. À medida que desenvolvemos a fé — não como uma crença, mas como uma energia no universo — nós nos abrimos à visão mística do divino. Na Cabala, Chokmah é o nível em que atingimos a verdadeira sabedoria espiritual. Nesse nível de consciência, a energia é tão forte e tão pura, finalmente, que nada negativo pode se manifestar. Portanto, embora na superfície as coisas possam não estar correndo bem, seu resultado final será dinamicamente positivo. Independentemente das condições da nossa vida, essa é a promessa de que no final tudo se resolverá e as bênçãos virão. Esse é o estágio do caminho do discipulado em que podemos ver a engrenagem interna do universo em movimento e saber para onde todos os fatos os estão levando, independentemente de sua aparência. O discípulo pode ver através das nuvens da vida e sob as águas do mundo.

"Exultai e alegrai-vos, porque será grande a vossa recompensa nos céus; porque foi assim que perseguiram os profetas que vieram antes de vós."

Idéia principal = síntese e união
Planeta = Urano
Árvore da Vida = Kether (Coroa)

À medida que o aspirante e o discípulo que estão no caminho espiritual começam a combinar o plano espiritual com o físico, as recompeñsas são grandes. Na mitologia grega, Urano estava unido a Gaia. Urano é o céu e Gaia é a terra. Eles estão casados. Kether está em oposição a Malkuth. Esse é o topo do discipulado nos Mistérios de Cristo. Trata-se da mais elevada expressão do amor e da intuição universal, o entrelaçamento da alma de forma a libertar-se da personalidade inferior.

OS FENÔMENOS OCULTOS E PSÍQUICOS DAS ESCRITURAS

Os que trabalham nos campos da metafísica, da mediunidade e da espiritualidade são alvo de muitas críticas. As ciências psíquicas ainda são muitas vezes ridicularizadas, escarnecidas por muitos dos literalistas mais ortodoxos e irredutíveis do moderno Cristianismo. Demonstrações de fenômenos psíquicos são com freqüência considerados "coisa do demônio" ou de alguma outra entidade negativa ou invisível. O que esses literalistas muitas vezes não entendem é que esses mesmos fenômenos foram demonstrados pelo Cristo Jesus. Os apóstolos e discípulos aprenderam a manipular vários tipos de energia a fim de executar esses atos "maravilhosos". Segue abaixo uma lista de alguns fenômenos psíquicos encontrados nas Escrituras do Novo Testamento. (O Velho Testamento também está repleto de exemplos, mas este livro tem como objetivo focalizar apenas a manifestação dos Mistérios de Cristo.)

Clarividência
Mateus 3:13-17
Lucas 1:39-45
João 4:4-42ʲ
Atos 16:9

Controle da Aura
Mateus 14:34-36
Marcos 9:2-8
Mateus 14:22-23

Psicometria
João 4:16-19 Lucas 2:36-40
Mateus 20:17-19
Atos 6:5
Atos 8:5-40
Atos 21:8

Controle dos Elementos
(alquimia, levitação, etc.)
Mateus 14:22-33

Lucas 8:22-25
João 2:1-12
João 6:1-14
João 6:16-24
Atos 5:19-21

Profecia
Lucas 1:67-80

Aconselhamento
João 4:16-26
Atos 5:3-6, 9-10

Dons Espirituais
I Coríntios 12:1-30

Comunicação do alto nos sonhos
Mateus 1:20-25
Mateus 2:13
Mateus 27:19

**Comunicação de espíritos
e de anjos**
Mateus 26:53
Mateus 28:9
Marcos 16:20
Lucas 1:1-38
Lucas 4:10-11
Marcos 16:20
João 14:26

Atos 11:12-15
Atos 4:31
Atos 8:26-30
Hebreus 1:13, 14

Cura com objetos magnetizados
Mateus 14:34-36
Atos 19:11-12

Dons de cura
Mateus 9:27-30
Mateus 9:32-33
Mateus 8:28-32
Mateus 17:14-21
Mateus 9:2-7
Mateus 8:14-15
Marcos 8:22-25

Dons de cura
Marcos 10:46-52
Marcos 1:40-44
Lucas 17:11-19
Lucas 9:2
Lucas 10:9
Lucas 7:1-10
Lucas 8:43-48
João 9
João 11:1-44
João 4:46-53
João 5:8-9

Esta lista não está de forma alguma completa. Muitos tipos de fenômenos mediúnicos também podem ser encontrados. Entre eles estão formas de transe e sessões espíritas, aparecimento de luzes sobrenaturais, aparecimento ou movimentação de objetos sem causa física aparente, vozes de espíritos, materialização, mediunidade com fogo* e muito mais. Os fenômenos ocultos do caminho espiritual fazem parte dos ensinamentos dos Mistérios de Cristo. Muitas pessoas não entendem esses fenômenos, mas à medida que vamos nos abrindo para os reinos e ensinamentos metafísicos, à medida que começamos a explorar os reinos etéricos, familiarizando-nos com eles, o aspecto "fantasmagórico" desses fenômenos vai diminuindo. O discípulo espiritual deve ter em mente, contudo, que a manifestação dos fenômenos não é um fim em si mesmo. O objetivo do verdadeiro discípulo é a *verdade* — e é o desenvolvimento desses dons ocultos que nos ajuda a descobrir a verdade dentro da nossa vida.

"Eu sou o caminho, e a verdade, e a vida..."

João 14:6

---

* A pessoa dotada de mediunidade mexe com fogo e não se queima. (N.T.)

Capítulo Quatro

A RESSURREIÇÃO DOS MISTÉRIOS FEMININOS

"E viu-se um grande sinal no céu: uma mulher vestida de sol, tendo a lua debaixo dos pés, e uma coroa de doze estrelas sobre a cabeça."

Apocalipse 12:1

Parte da função dos verdadeiros Mistérios Cristãos era resgatar o Feminino Divino. Todas as escolas de Mistério ensinaram sobre o equilíbrio entre o masculino e o feminino em cada pessoa. Só atingindo esse equilíbrio é que a criança divina interior pode nascer. Infelizmente, as escrituras, como chegaram até nós, contêm pouca informação no que diz respeito à função da energia feminina em geral, ou das mulheres iniciadas.

Estudiosos dos sistemas de mistérios mais tradicionais renderam homenagem e reverência aos aspectos femininos da vida, considerando-os equivalentes aos masculinos. Nas Escolas de Mistério havia muitos mitos sobre as Mães Divinas do Mundo: Ísis do Egito, Tiamat da Babilônia, Gaia da Grécia, a Mulher Mutável Navajo, Nu Kwa da China e muitas outras. Toda sociedade tem seu catálogo de mitos e de contos em que estão velados os mistérios da vida e do universo. Toda sociedade tem uma grande quantidade de mitos e de contos sobre os aspectos Femininos da vida. Não faltam mulheres e deusas magníficas.

Intuição e imaginação são dois princípios vitais do Feminino. Elas, por sua vez, dão à luz a fertilidade e a divindade. No mundo ocidental, durante os últimos dias da era pré-cristã, as religiões pagãs sofreram muitas injúrias. Os ideais de mistério estavam sendo mal-entendidos e desequilibrados devido à tendência crescente de valorizar os aspectos mentais da humanidade. Os seres humanos estavam superestimulando os elementos masculinos da natureza.

Os primeiros Iniciados Cristãos sabiam que viver os Mistérios de Cristo despertaria mais uma vez o Feminino nas eras vindouras, levando um número cada vez maior de pessoas à visão e à iluminação mais elevadas. O Feminino simboliza a alma desperta e iluminada — o único tipo de alma no qual o divino em nós mesmos pode nascer.

Os ensinamentos do Cristo Jesus serviam ao propósito de restaurar o equilíbrio entre os aspectos masculinos e femininos da vida, em cada pessoa e no mundo. Os líderes da Palestina — especialmente aqueles que eram versados em alguns dos princípios esotéricos — provavelmente reconheceriam essa propriedade dos ensinamentos de Cristo. E numa sociedade extremamente patriarcal — como o Judaísmo daquela época — isso representava uma ameaça.

Como foi mencionado anteriormente, os saduceus e os fariseus representavam as duas seitas predominantes do Judaísmo. Os mistérios estavam nas mãos de uns poucos privilegiados. Então veio o Cristo Jesus que tornou os mistérios acessíveis a todos e, como se isso não bastasse, deu destaque aos ensinamentos acerca do Feminino. O aspecto Amor-Sabedoria enfatizado nos ensinamentos do Cristo Jesus é o Princípio Feminino em que se manifesta a verdadeira iluminação e em que o reino do céu é alcançado. O amor é o principal aspecto do Feminino. De maneira nenhuma surpreende-nos o fato de os líderes do Judaísmo ficarem tão perdidos e encolerizados.

É o Feminino que nos permite sintonizar melhor o lado subjetivo da vida. É esse aspecto oculto que o Cristo Jesus veio resgatar. Embora as escrituras sejam relativamente limitadas no que se refere às mulheres, os ensinamentos estão repletos de revelações dos Mistérios Femininos. À medida que vivemos os Mistérios do Cristo, o Feminino dentro de nós vem naturalmente à vida, independentemente de podermos ou não identificá-lo. Viver a "Regra Dourada", como foi descrita no Sermão da Montanha é o meio de despertar o aspecto Feminino na nossa vida. Ela desperta o nosso lado subjetivo. Faz nascer uma consciência cada vez maior de como as vidas e os fatos estão inter-relacionados.

Há muitos símbolos, imagens, frases e metáforas em todas as tradições antigas ligados às energias femininas do universo. Muitos dessas mesmas imagens e símbolos são encontrados nos ensinamentos do Cristo Jesus, proporcionando assim chaves para os ensinamentos sobre o feminino encontrados nas escrituras. Nem tudo o que segue está registrado na Escritura Cristã, mas muita coisa está. (Temos de ter em mente que, nos primeiros séculos da Igreja, foi grande a censura com relação a esse material.) O vaso, a noiva, a Lua, o Sol, vários planetas, cavernas, vulcões, rios, lagos, leoas, serpentes, vacas, éguas, baleias, corvos, garças, pombas, figueiras, milho, malmequeres, e muitos mais, são encontrados em todas as tradições e associados a algum aspecto da energia feminina dentro do universo. Para os astrólogos antigos e modernos, a Terra é um planeta feminino — o que indica que toda a humanidade terá de aprender mais sobre o Feminino Divino.

Nas escrituras, há parábolas e ensinamentos em que aparecem as mesmas imagens e símbolos, demonstrando que o Cristo Jesus estava ensinando algum aspecto do Feminino. Em alguns relatos sobre o nascimento de Jesus a Sagrada Família está numa gruta, e não num estábulo. A parábola da noiva. A festa de bodas em Caná. O fato de a maioria das viagens e dos ensinamentos de Cristo Jesus ter se passado junto da água, um símbolo universal das Forças Femininas do Universo, é profundamente significativo. Cristo Jesus combateu a sociedade patriarcal, chamando seus líderes de hipócritas, pois só se é iluminado quando se expressa a Divina Sabedoria Feminina. É essa Sabedoria Materna que nos ajuda a recuperar a criança, e o Cristo Jesus falou muitas vezes das crianças.

Cristo Jesus insuflou expressão e vida novas às antigas imagens e ensinamentos acerca do Feminino. Ele estimulou a imaginação e as forças criativas daqueles a quem tocou, e esses aspectos femininos restauram nosso senso de poder pessoal e de controle sobre a nossa vida. As escrituras são uma alegoria da redenção do Feminino Divino. "Sede misericordiosos (compassivos) como o vosso Pai é misericordioso (compassivo)" (Lucas 6:36). Para o místico moderno Matthew Fox, essas palavras estão profundamente relacionadas com a redenção do Feminino Divino: "A verdadeira redenção sempre diz respeito à compaixão — é um despertar da paixão com Deus, com toda a criação e com os filhos de Deus."

É esse o aspecto que iremos examinar por todo este capítulo. Analisaremos alguns dos principais ensinamentos ocultos sobre o Feminino dentro dos Mistérios de Cristo. Analisaremos os principais eventos da vida de Cristo Jesus como uma alegoria para as Sete Iniciações Femininas e para as Sete Iniciações Masculinas, junto com outros fatos que tratam de aspectos particulares dos Mistérios Femininos. Analisaremos algumas escrituras específicas e sua importância no despertar das Forças Femininas em nossa vida. Também examinaremos o significado das principais personagens femininas nas escrituras — em particular, a mais alta Iniciada da época, Maria, a Mãe de Jesus.

O FEMININO OCULTO NA VIDA DO CRISTO JESUS

Como foi mencionado anteriormente, todos os fatos da vida do Cristo Jesus têm um outro significado além do puramente histórico. Os principais acontecimentos foram uma representação dos Mistérios que antes só haviam sido executados nos rituais, dentro dos templos de Mistério. A vida inteira de Jesus foi um exemplo vivo dos Ensinamentos dos Mistérios. Portanto, qualquer pessoa que esteja disposta a se esforçar, pode começar o processo de busca dos Mistérios, simplesmente analisando os fatos principais da vida de Cristo.

A maioria das antigas tradições ensina sobre o equilíbrio entre o masculino e o feminino, o positivo e o negativo, o *yang* e o *yin*, o elétrico e o magnético, o racional e o intuitivo. É unindo o masculino com o feminino que a criança divina nasce dentro de nós. Ambos os aspectos têm sua função e propósito no desenvolvimento e na evolução da humanidade. Ambos esses aspectos existem dentro de todos nós, e cada um de nós tem de descobrir o meio de harmonizá-los dentro de cada circunstância da nossa vida. Todos temos de aprender a senti-los e a expressá-los.

Na segunda metade deste livro analisaremos o ciclo da energia de Cristo à medida que ele atua na nossa vida e nos afeta a cada estação que passa. Como veremos, a energia de Cristo provoca um aceleramento de toda a vida de uma maneira particular — de acordo com as mudanças de estação. Portanto, há uma estação em que a energia de Cristo facilita o nosso despertar e o controle das energias femininas, e há uma estação em que o aspecto masculino se torna mais acessível. Também há uma estação de preparação e uma estação para juntar os dois princípios.

Nas antigas tradições de mistério, sete era um número sagrado. Ele simbolizava o indivíduo que ascendia do plano material, esforçando-se para alcançar o espiritual. Esse número representava o caminho espiritual que leva de volta à Fonte. É um número sagrado porque com ele estão as respostas para os Mistérios da vida física. O processo criativo do universo levou seis dias, sendo o sétimo o dia em que tudo foi reunido — o Sabá ou o Dia de Descanso. Sete é o número do conhecimento do mundo — físico e espiritual. (O quatro e o três, que formam o sete, refletem isso. O quatro é o físico e o três o espiritual, que descansa sobre o alicerce físico.)

Há muitas correspondências associadas com o número sete. Há sete dias na semana. Há sete cores no arco-íris. Há sete planetas principais. São sete os sentidos (audição, paladar, tato, olfato, visão, senso comum ou síntese e intuição). O corpo humano tem sete sistemas principais. Há sete chakras no corpo. De acordo com a metafísica, os humanos têm sete corpos sendo seis deles mais sutis do que o físico. Nas escrituras fala-se dos sete dons do Espírito Santo (o feminino ativo na humanidade). Portanto, o sete é muitas vezes chamado de "Número Sagrado".

OS SETE MISTÉRIOS CRÍSTICOS FEMININOS

Os sete mistérios a seguir serão analisados mais detalhadamente na segunda parte do livro, no capítulo "O Ritual do Solstício de Inverno".

1. *A Anunciação*

A Anunciação a Maria, de que ela daria à luz Jesus, feita pelo Arcanjo Gabriel. Manifesta a visão glorificada e a iluminação que decorrem do equilíbrio entre o masculino e o feminino. Na astrologia, corresponde à Lua em Touro.

2. *A Imaculada Conceição*

A concepção do menino Jesus.
O poder espiritual da nova visão é impresso no corpo.
Na astrologia, corresponde à Lua em Touro.

3. *O Nascimento Sagrado*

O nascimento do Menino Jesus.
Manifesta o nascimento da vontade criativa, o despertar de um novo poder.
Na astrologia corresponde a Marte em Capricórnio.

4. *A Apresentação no Templo*

Jesus é abençoado e dedicado a Deus segundo a Lei de Moisés.
O aspirante dedica sua vida ao espiritual.
Na astrologia, corresponde ao signo em que está o Sol.

5. *Fuga para o Egito*

A família de Jesus foge devido ao decreto de Herodes.
O período de introspecção, que ocorre no processo de desenvolvimento de todos os aspirantes devido à influência do mundo exterior.
Na Astrologia, corresponde a Saturno em Libra.

6. *Os Ensinamentos no Templo*

Jesus, aos doze anos de idade, afasta-se dos pais e é descoberto no templo de Jerusalém conversando com os mestres. Demonstra uma consciência ampliada por meio da fusão do coração e da mente.
Na astrologia, corresponde a Mercúrio em Virgem.

7. *O Batismo*

O Batismo de Jesus, pelas mãos de João Batista.

A iniciação de abrir-se à visão plena, consciente e à total compreensão do discernimento, indicada pela tentação que ocorreu a seguir.

O Batismo corresponde astrologicamente a Júpiter em Câncer.

O aspecto da Tentação corresponde astrologicamente a Marte ou a Urano em Escorpião.

OS SETE MISTÉRIOS CRÍSTICOS MASCULINOS

(Estes mistérios serão tratados em pormenor na segunda metade deste livro, no capítulo "O Ritual do Equinócio da Primavera". O feminino permite um desenvolvimento dos dons e das energias, enquanto o masculino ajuda-nos a aguçá-los e a expressá-los de maneira apropriada.)

1. *Transfiguração*

   O Cristo Jesus revela a verdadeira essência arcangélica a Pedro, a Tiago e a João.

   Ele manifesta a capacidade de elevar a consciência e de tocar o Divino, independentemente do tempo e do espaço. Na astrologia, corresponde a Marte ou Urano em Escorpião.

2. *A Entrada Triunfal*

   O Cristo Jesus chega a Jerusalém, montado num jumento, enquanto as pessoas acenam e cantam hosanas.

   Reflete a conquista da sabedoria da alma pela elevação da consciência e da expressão do Feminino.

   Na astrologia, corresponde a Mercúrio em Aquário.

3. *A Ceia no Salão do Andar Superior*

   O ritual da última ceia de Cristo Jesus com os Apóstolos.

   O ensinamento do processo alquímico

   A transmutação das energias por meio do equilíbrio do masculino e do feminino.

   Na Astrologia corresponde ao equilíbrio do signo solar com a polaridade oposta na roda do zodíaco.

4. *O Jardim de Getsêmani*

O período no qual Jesus se retirou ao jardim e cumpriu seu último compromisso com relação ao sacrifício e ao altruísmo.

A parte do caminho iniciático em que o discípulo entrega o que resta da sua vontade pessoal à vontade Divina, às vezes chamada de a noite escura da alma — a última concessão à compaixão.

Na astrologia, corresponde a Vênus em Peixes e a Saturno em Capricórnio.

5. *A Provação*

A provação do Cristo Jesus diante do Sinédrio, de Pilatos e de Herodes. O confronto de Jesus com a tentação de usar sua visão superior e o seu poder em favor de si mesmo ou pelo amor altruísta.

Na astrologia, corresponde a Saturno ou a Netuno em Escorpião.

6. *A Crucificação*

A crucificação de Jesus e a sua morte.

Exige capacidade para enfrentar a crueldade dos outros, renunciando a tudo e concentrando-se apenas no esforço para alcançar a realização espiritual.

Na astrologia, corresponde a Vênus em Peixes.

7. *A Ressurreição*

O Cristo Jesus supera a morte.

O discípulo aprende a compreender o amor imortal e a vida, e a criar conscientemente uma ponte entre o sono e a vigília, entre a vida e a morte.

Na astrologia, corresponde ao Sol em Áries.

O FEMININO OCULTO NO SÍMBOLO DA CRUZ

Esse dinâmico símbolo tem muitos significados. Muitos presumem que é apenas um símbolo do Cristianismo. A cruz foi um símbolo usado em quase todas as sociedades em todo o mundo. Seu significado varia um pouco, mas é basicamente o mesmo. A verdadeira cruz, do ponto de vista dos Mistérios de Cristo, é a cruz grega, de quatro braços iguais. É um símbolo da união equilibrada das energias masculina e feminina.

O braço horizontal da cruz é um símbolo do Feminino e o braço vertical é o símbolo do Masculino. Infelizmente, na "Cruz do Calvário", associada ao moderno Cristianismo, o braço horizontal é mais curto do que o vertical — um reflexo da atitude patriarcal que ainda rechaça o forte significado do Feminino Divino. Parte do esotericismo da Crucificação está no sacrifício do Masculino (em forma de Cristo Jesus), de forma que o Feminino possa reconquistar seu devido lugar no mundo.

O "Caminho da Cruz" é o caminho da Iniciação nos Mistérios de Cristo. As quatorze Estações da Cruz, encontradas no moderno Catolicismo, têm um profundo significado oculto — são muito mais do que uma representação dos eventuais finais da vida do Cristo Jesus. Num nível, elas representam a atividade dos fogos espirituais da energia vital criativa (kundalini) e sua subida pela coluna vertebral; nos outros níveis ela exprime muito sobre os Mistérios Femininos. Para o Gnóstico Cristão, é através do Feminino que a humanidade encontra o "sangue salvador do Cristo". (Isso é mais bem explicado no esquema das estações que vem a seguir. Depois de cada queda, o Cristo Jesus encontra uma mulher. Ele se apóia no Feminino para recuperar suas forças.)

AS ESTAÇÕES DA CRUZ*

1. Cristo Jesus é condenado à morte.
   (Dedicação à Iniciação)

2. Cristo Jesus carrega a cruz.
   (O caminho da Iniciação)

3. Cristo cai pela primeira vez.
   (Símbolo da fragilidade humana)

---

* Extraído de *New Age Bible Interpretation* de Corinne Heline.

4. Cristo Jesus encontra sua mãe.
   (Ideal do Feminino exaltado)

5. Simão ajuda Jesus a carregar a cruz.
   (A dedicação de Simão ao discipulado)

6. Verônica enxuga o rosto de Cristo Jesus.
   (Transmutação do Feminino)

7. Cristo Jesus cai pela segunda vez.
   (Símbolo do fracasso pelo desejo)

8. Cristo Jesus fala com as mulheres que choram.
   (Tristeza pela degradação da mulher)

9. Cristo Jesus cai pela terceira vez.
   (Símbolo da mente material)

10. Cristo Jesus é despido de seus trajes.
    (Renúncias)

11. Cristo Jesus é pregado na cruz.
    (Aparecimento dos estigmas)

12. Cristo Jesus morre na cruz.
    (Iniciação consumada)

13. Cristo Jesus é tirado da cruz.
    (Libertação do corpo)

14. Cristo Jesus é posto no túmulo.
    (Caminho posterior da Iniciação)

AS INICIADAS NOS MISTÉRIOS DE CRISTO

Para a maioria das pessoas que examina as escrituras, à primeira vista pode parecer que as mulheres seguidoras de Cristo Jesus foram tristemente ignoradas. Depois de um exame mais acurado, descobrimos que essas mulheres desempenharam um papel preponderante nos Mistérios de Cristo. As mulheres desse período da história — nessa região do planeta — tinham uma posição social geralmente inferior à dos homens. Por isso, a influência de Maria, mãe de Jesus, e de outras mulheres iniciadas é com freqüência difícil de se detectar.

Esse fator também é importante quando se trata de desvendar os mistérios a todas as pessoas. O papel feminino — que o Cristo Jesus ensinou e demonstrou — é poderoso, mas também muito sutil. O Feminino tem de ser buscado e manifestado em cada um de nós — tal como deve ser feito nos textos das escrituras. Apesar de muitos dos detalhes acerca das seguidoras do Cristo Jesus não serem explícitos, nos livros canônicos do Novo Testamento, nos textos que chegaram até nós e nos evangelhos apócrifos, podem se encontrar as peças que faltam. Os conceitos tradicionais com relação à sensibilidade Feminina, ensinados em todas as tradições esotéricas, também são encontrados na escritura moderna. As mulheres das quais temos alguma informação muitas vezes demonstram uma força e uma coragem que permite que eles se arrisquem a dar novos passos na vida — e elas parecem fazer isso com mais facilidade do que os homens. As primeiras testemunhas da ressurreição são Maria Madalena, Maria, a mãe de Jesus, e Joana. O aspecto intuitivo, feminino tornou-as mais sensíveis ao poder oculto do evento. Isso fica ainda mais evidente quando os Apóstolos se negam a acreditar na história que elas contam. O aspecto masculino não pode ver com tanta clareza.

Joana é descrita nos textos de Lucas como uma mulher forte. Seu marido era um alto oficial da corte de Herodes, e ela o abandonou para seguir esse novo caminho. Ela deixou a antiga energia masculina para afirmar a sua própria.

Há outras mulheres que demonstraram ter a mesma força interior, que lhes permitiu correr o risco de dar novos passos. Salomé, a mulher de Zebedeu, apresenta seus dois filhos ao Cristo Jesus para que sejam seus discípulos. (Estes são Tiago e João.) Ela acaba finalmente por seguir seu próprio caminho nos Mistérios de Cristo. Houve "outras mulheres que se empenharam em ajudar Jesus e seus discípulos" (Lucas 8:1-3); uma delas foi Suzana. Maria, a mãe de Marcos, abriu sua casa em Jerusalém para o

Cristo Jesus e para seus discípulos. Em sua casa seria realizada a última Ceia. Ela é um símbolo dinâmico da energia feminina atuando através do serviço ao próximo. "Lucas fala de profetizas como Hanna e as filhas de Filipe; e de mulheres empreendedoras... de escravas que obtiveram sua liberdade..." e de outras mulheres fortes que apoiaram Cristo Jesus (Elisabeth Moltmann-Wendel, *The Women Around Jesus*).

Quando mencionadas nas escrituras, elas muitas vezes são apresentadas no tradicional número três dos antigos mistérios. O Feminino se expressa em três aspectos: virgem, mãe e mulher sábia. A história de Maria tem três níveis: como virgem na Imaculada Conceição, como mãe de Jesus e como a mulher sábia dos Mistérios, a mais elevada Iniciada da época. São três as mulheres que primeiro sabem da ressurreição: Ana (mãe de Maria), Isabel (sua prima), e a própria Maria, estão ligadas, representando os três degraus do desenvolvimento profético. No livro de Marcos, menciona-se pelo nome três mulheres que estão ao pé da cruz do Cristo Jesus: Maria Madalena, Maria a mãe de Tiago o jovem, e Salomé.

As escrituras nos falam sobre as mulheres que presenciaram a morte de Jesus, mas não há menção de homens celebrando a força que provém das energias femininas da vida. Isso também é evidenciado na negação de Pedro. A expressão masculina de amor não foi suficiente para suportar as pressões do mundo exterior. O amor feminino interior é suficientemente forte.

As escrituras também demonstram a força do Feminino e a sua sensibilidade inata — mesmo quando não se está em sintonia com os ensinamentos de Cristo. Isso é fortemente revelado no caso da mulher de Pilatos. Sua sensibilidade inata levou-a a dar ao marido o sábio conselho de não se envolver com o caso de Jesus.

É normal nos perguntarmos porque tantas mulheres nas escrituras têm o nome de Maria. O aspecto mais exotérico está relacionado com o fato de tratar-se de um nome popular na época, entre os abastados e as pessoas da alta sociedade. No nível mais esotérico, esse fato tem grande importância, pois nos chama a atenção para o significado dos Mistérios Femininos. Esse nome tem dois significados predominantes: *"myrrh"* (mirra) ou, se remontarmos às suas origens, "do mar". As Tradições dos Mistérios de muitas sociedades usaram o elemento água — o mar — como símbolo do Divino Feminino. Toda a vida surge do mar. O Grande Oceano do Divino

Entre as seguidoras de Cristo estavam Marta e Maria.
Gravura de Gustave Doré

dá nascimento ao universal. Das águas da vida vem o novo ser. Nas tradições mais esotéricas, em certo estágio do desenvolvimento, a pessoa adota um "Nome de Iniciado". Esse nome reflete as energias mais reverenciadas e honradas pela pessoa. As mulheres das escrituras — tal como os homens — muitas vezes já eram versadas em vários graus da tradição esotérica.

Temos de nos lembrar que, ao lado do aspecto histórico, tudo nas escrituras tem significado esotérico. O fato de depararmos repetidas vezes com o nome "Maria" deveria nos incitar o desejo de pesquisar essa questão mais a fundo.

As seguidoras do Cristo Jesus têm uma correlação e um aspecto "oculto" que pode ser detectado por aqueles que se empenharem para isso. Mais de uma tradição esotérica afirma que Maria, a mãe de Jesus, teve seu próprio grupo de discípulos, de cujo treinamento e desenvolvimento ela se incumbia mais diretamente. Conforme a Tradição Rosa-cruz, havia duas "Festas na Sala do Andar Superior", celebradas em aposentos contíguos. De uma delas participava o círculo mais íntimo do Cristo Jesus, e era presidida por ele. A outra, celebrada pelo círculo mais íntimo de mulheres discípulas, tinha como anfitriã Maria, a Mãe Abençoada — o masculino e o feminino reunidos para receber o último ensinamento sobre o processo alquímico da vida.

É difícil determinar quem eram as doze discípulas do Cristo. Muitas mulheres foram mencionadas, e cada uma delas tem um significado simbólico. Seus papéis, no entanto, não estão tão claramente definidos como os de suas contrapartes masculinas. Isso demonstra a diferença entre as energias intuitivas, femininas, e as racionais, masculinas.

Ana, mãe de Maria, era versada na antiga tradição essênia, tal como Isabel, prima de Maria e mãe de João Batista. A visita de Maria a Isabel, no início de sua gravidez, reafirma a tradição feminina de muitas outras sociedades em que os Mistérios do nascimento e das verdades sagradas do período pré-natal eram compartilhadas entre as mulheres.

Há contos e lendas sobre uma essênia chamada Judite, que teria sido a responsável pelos primeiros ensinamentos de Jesus acerca da tradição essênia. Também há Maria Madalena. Ela é um símbolo dinâmico da transformação e da vida, que se inicia com a expressão natural das forças Femininas. Ela é um símbolo do movimento que todos podem fazer do nível mais baixo para o mais elevado. Portanto, é um modelo para o Iniciado de Cristo.

Nas escrituras também aprendemos sobre Marta e sobre Maria de Betânia. Eram irmãs. Maria é a idealista e símbolo do interior. Marta é mais prática e reflete uma expressão exterior do Feminino. Ambos esses aspectos são necessários — o interior e o exterior e, portanto, eles sempre são mostrados juntos. A lenda nos diz que elas viajaram com José de Arimatéia, ajudando-o a levar o Cálice do Graal para novos países.

Já mencionamos Maria de Jerusalém, mãe de Marcos. Abastada, ela ofereceu sua casa para o Cristo Jesus e para seus discípulos. A Última Ceia teria acontecido nos salões superiores do seu lar. Ela é um símbolo das energias femininas atuando dentro do campo do serviço.

Há uma menção a outra Maria, mulher de Cleofás, irmão de José. Ela se tornou um símbolo de força e de coragem no caminho da espiritualidade. Também encontramos uma mulher, de nome Marianne, associada aos Mistérios de Cristo. Ela era irmã do Apóstolo Filipe. Diz a lenda que ela fez o pão (um símbolo antigo das energias femininas) para a "Ceia no Salão Superior". A esposa e a filha de Filipe também são mencionadas, mas pouco se sabe além do fato de que estavam por perto. O mesmo ocorre com a mulher de Pedro, Petronila, e com a sogra dele.

A última mulher mencionada pelo nome, nas escrituras, aparece quando o Cristo Jesus está carregando a cruz para o Gólgota. É Verônica que enxuga o rosto dele, deixando-o impresso no pano. Verônica é um símbolo da energia etérica humana que tem de se tornar mais sensível (mais sintonizada com o Feminino) para que a energia de Cristo se expresse. Só então a verdadeira visão é recuperada.

Nesse mesmo caminho até o Gólgota, o Cristo Jesus fala com um grupo de mulheres em prantos, depois de cair pela segunda vez. Esse evento simboliza o reconhecimento e a tristeza pela degradação do Feminino Divino, mas também indica que é preciso extrair força do Feminino, se o caminho completo de iniciação está se abrindo.

Por meio de todos os textos de Paulo e do livro dos Atos, aprendemos muito sobre mulheres que se tornariam discípulas e iniciadas nos Mistérios de Cristo depois da morte e da ressurreição. Algumas dessas são Priscila, Claudia e Lídia, a primeira discípula de Paulo. Aprendemos sobre Lois, a avó de Timóteo e de Eunice, sua mãe. Textos apócrifos fazem uma alusão a outras mulheres como Phoebe, Thecla e a mulher de Simão de Cireneu.

Os Mistérios Femininos continuam vivos, silenciosos, desenvolvendo-se e sendo gerados perpetuamente pelo mundo. Eles não foram relegados a um nível subserviente nos verdadeiros Mistérios Ocultos de Cristo. Eles foram, isso sim, honrados, reverenciados e protegidos entre todos aqueles que se esforçaram para nascer outra vez, pois o nascimento nunca ocorre sem o masculino *e* o feminino. Um não pode existir sem o outro.

OS MISTÉRIOS DA MÃE ABENÇOADA

Maria é a mais alta Iniciada que vivia na época do Cristo Jesus. Ao seu redor estão as chaves para os verdadeiros Mistérios Femininos contidos nos ensinamentos de Cristo. Estes serão analisados mais detalhadamente no capítulo sobre "O Ritual do Solstício de Inverno", pois essa é a época do ano em que as energias de Cristo atuam no planeta e dentro dele, facilitando o despertar das energias Femininas dentro de nós.

Maria é apresentada nos três papéis tradicionais do Feminino Divino: a virgem, a mãe e a sábia. Seus pais, Joaquim e Ana, a dedicaram à vida espiritual, de acordo com a tradição essênia, tal como eles. Maria é um símbolo dinâmico da alma iluminada — a única alma que pode dar à luz a criança divina interior.

Tanto Maria como José eram padrões típicos da expressão espiritual do feminino e do masculino por meio dos mistérios menores do caminho iniciático. Esse é o caminho que deveriam tomar os Apóstolos e os outros discípulos, antes da morte de Cristo Jesus. Maria foi além. No curso de sua vida, ela passou pelas Grandes Iniciações, conquistando níveis que transcendiam os dos Apóstolos.

Essas Grandes Iniciações algumas vezes eram chamadas de Iniciação pela Água, pelo Fogo, pelo Ar e pela Terra. A iniciação pela Água refere-se ao trabalho com as emoções. Se nossas águas emocionais estão controladas, elas refletem — abrindo a visão espiritual. Na vida de Maria isso foi indicado pela Anunciação.

A iniciação pelo Fogo envolve o domínio dos aspectos do desejo da alma. O fogo pode ser criativo e destrutivo; ele pode inspirar ou queimar. Essa iniciação requer que se aprenda a controlar as forças interiores do nosso fogo criativo — a kundalini — para que a mais elevada expressão de luz possa se manifestar. Isso foi representado na vida de Maria por meio da Imaculada Conceição.

A iniciação pelo Ar envolve controle e iluminação consciente da mente. Trata-se da Cristificação da mente pela qual se transcende tempo e espaço. Ela desperta o "Poder do Verbo". Essa iniciação foi representada na vida de Maria pelo Pentecostes.

A quarta Grande Iniciação por que passou Maria é a da terra. Esta envolve o processo de transmutação dos átomos físicos de energia através da energia espiritual. É o domínio sobre tudo o que é físico. Muitas são as histórias de mestres e de seres divinos que não envelhecem ou que optam por aparecer de certa forma. Esse é um aspecto da iniciação pela Terra. É simbolizada, na vida de Maria, pela Assunção.

Esse aspecto de Maria, como Grande Iniciada, se configura por todo o "Caminho da Cruz". Maria foi a única a caminhar ao lado de Jesus por todo o trajeto até o Gólgota. Isso significa que ela era a única capaz de trilhar esse caminho no seu nível mais elevado e verdadeiro. Ela havia sido preparada para isso ao longo de toda a sua vida.

Textos canônicos e apócrifos revelam sua comunicação com a hierarquia angélica durante toda a sua vida. Ela agora trabalha para ajudar a humanidade a despertar o Feminino e a trabalhar em cooperação com as Hierarquias Angélicas para a evolução de todos.

Enquanto Cristo se moveu de um Logos Solar externo para um Logos Planetário interior, Maria moveu-se de um protótipo Feminino interior para a presente energia Divina exterior. Com o nascimento dos Mistérios de Cristo, começa o processo de troca de polaridade na expressão da energia. Antes, o masculino se expressava exteriormente e o Feminino, internamente. Agora o Feminino está começando a se expressar na vida exterior da humanidade e continuará dessa forma. Essa combinação de energias desce sobre nós de acordo com a natureza cíclica das estações e dos meses.

A influência e a maximização do Feminino no planeta segue um ciclo mensal que pode ser celebrado. (Este ciclo mensal tem laços antigos com o ciclo menstrual das mulheres — o fluxo e refluxo que ocorre durante o mês.) Cada mês do ano nos dá a oportunidade de celebrar um aspecto do Divino Feminino, como eles eram expressos através de Maria nos Mistérios de Cristo.

JANEIRO: *Festa da Natividade*
Idéia principal — Nascimento do Eu Superior; coisas melhores virão
Símbolo — Aurora
Flor — Jacinto

FEVEREIRO: *Festa da Purificação*
Idéia principal — Dedicação ao espiritual
Símbolo — O portal
Flor — Anêmona

MARÇO: *Festa da Anunciação*
Idéia principal — Poder da Alma e Nova Visão
Símbolo — Raiz
Flores — Lírio Branco/Malmequer

ABRIL: *Cerimônia do Nascer do Sol*
Idéia principal — Vida, morte e imortalidade
Símbolo — Uva
Flor — Prímula

MAIO: *Festa da Transmutação*
Idéia principal — Bênçãos da Natureza
Símbolo — Espiga de milho
Flor — Rosa

JUNHO: *Festa do Amor*
Idéia principal — Expressão mais elevada do amor
Símbolo — Rosa
Flores — Íris/Rosa

JULHO: *Festa da Visitação*
Idéia principal — As sagradas verdades do nascimento
Símbolo — Fonte
Flor — Lírio branco

AGOSTO: *Festa da Assunção*
Idéia principal — Transmutação
Símbolo — Cálice
Flor — Girassol

SETEMBRO: *Festa da Natividade de Maria*
Idéia principal — Cura, iluminação e paz
Símbolo — Templo
Flor — Vara-de-ouro

OUTUBRO: *Festa do Coração Iluminado*
Idéia principal — Transformação do karma retido no coração
Símbolo — Relicário
Flor — Alecrim

NOVEMBRO: *Festa dos Mortos*
Idéia principal — A Mãe das Trevas e a bênção dos mortos
Símbolo — Farol
Flor — Crisântemo

DEZEMBRO: *Festa da Imaculada Conceição*
Idéia principal — Idealismo da criança mística
Símbolo — Espelho
Flor — Poinsétia

A IMPORTÂNCIA DA MÃE ABENÇOADA

Fala-se com freqüência sobre a influência e o papel de Maria no desenvolvimento dos Mistérios de Cristo depois da morte do Cristo Jesus. Conforme a tradição esotérica, Maria supervisionava as atividades do Apóstolos e dos discípulos, como uma líder silenciosa. Na sociedade daquela época, as mulheres não podiam assumir diante de todos um papel preponderante. Essa era a tarefa dos Apóstolos. A ela cabia supervisionar tudo o que acontecia.

A maior evidência desse fato ocorre quando Cristo Jesus está na cruz. Como já foi dito, Maria percorreu com Ele todo o caminho do Calvário.

Apenas ela foi capaz de entender plenamente o significado desse acontecimento. Nem mesmo João, aquele a quem Cristo Jesus amava e que era o mais elevado Iniciado dentre os Apóstolos, é descrito nas cenas ao longo do Caminho do Calvário até o Gólgota. Portanto, mesmo sendo um alto iniciado, João não atingiria o nível de Maria.

No livro de João, capítulo 19, versículos 25-27, descobrimos mais. Ali está a terceira das "Últimas Sete Palavras", tema de vários debates nas igrejas ortodoxas cristãs; "E junto à cruz de Jesus, permaneciam de pé sua mãe, a irmã de sua mãe, Maria, mulher de Cleófas, e Maria Madalena. Jesus, então, vendo sua mãe e, perto dela, o discípulo a quem amava, disse à sua mãe: 'Mulher, eis o teu filho!' Depois disse ao discípulo: 'Eis a tua mãe.'"

Esse episódio contém um grande significado oculto e vários níveis de entendimento. O mais evidente, o mais aceito, é que um deveria cuidar do outro. A Maria, no entanto, agora como a mais alta iniciada, estava sendo dada a autoridade sobre a concepção e sobre o desenvolvimento dos Mistérios de Cristo. Ela deveria assumir a autoridade sobre os Apóstolos e os Apóstolos deveriam reconhecer a sua autoridade. Seu papel seria exercido em segundo plano, como guia, inspiração e mestra — o papel tradicional da mãe — só que em níveis espirituais.

Naturalmente, essas palavras de Cristo têm outros significados. Mas, para a nossa finalidade, é importante entender que o Feminino tem de ser mantido forte e vital nos ensinamentos. É interessante notar que, nessas passagens das escrituras, há três mulheres iniciadas junto à cruz, e apenas um Apóstolo. Novamente, isso mostra que as mulheres eram capazes de perceber a importância espiritual plena do evento, ao passo que um único discípulo pôde fazê-lo na ocasião. (Também temos outra vez a importância de "três" mulheres.)

Todo esse episódio relatado no Livro de João revela muito sobre o papel de Maria no posterior desenvolvimento e propagação dos ensinamentos de Cristo. Ele tem fortes paralelos com o primeiro e principal fato descrito no segundo capítulo dos textos de João — as bodas de Caná, "Bodas" era uma das palavras-chave usadas em muitas tradições esotéricas. Nelas estão ocultas a importância da alquimia e da união dos opostos por meio do amor.

Na ocasião das bodas de Caná, Maria informa a Cristo Jesus que o vinho havia acabado. Jesus responde: "Mulher, o que temos nós com isso? Minha hora ainda não chegou." Maria não respondeu e disse aos serventes que fizessem tudo o que ele lhes dissesse. Ela sabia que Cristo Jesus atenderia um pedido do Feminino Divino. E Cristo Jesus transforma a água em vinho — a transmutação alquímica.

Nesse episódio, como naquele aos pés da cruz, há a presença da Mãe, a presença das mulheres e a menção da hora. Agora que a hora era chegada, Maria recebeu seu papel. O Feminino divino recebera a autoridade e o impulso de Cristo para a humanidade e para a eternidade.

Eu não poderia deixar de falar aqui sobre a autoridade de Maria e sobre o impulso da humanidade rumo a uma maior ativação do Feminino Divino sem mencionar a passagem da vida de Maria conhecida como Assunção. Na Assunção, Maria é admitida, de corpo e alma, nos reinos da hierarquia angélica. Esse evento pode ser interpretado de várias maneiras, nenhuma delas sendo inteiramente incorreta.

Assim como o Cristo, ao morrer na Cruz, começa o processo de se tornar o "espírito que habita o planeta, infundido com toda a vida e com todos os padrões etéricos de energia da Terra, a Assunção de Maria representa um tipo semelhante de posição. Se antes Cristo havia atuado de fora da Terra, agora atuaria dentro dela, afetando a humanidade em ciclos de padrões internos das próprias energias da Terra. O Feminino que estivera oculto dentro da humanidade agora atuaria externamente, sendo trazido mais à vida.

Maria é então descrita trabalhando com a hierarquia angélica e influenciando a humanidade de maneira mais dinâmica do que antes. Ela é conhecida como a "Rainha dos Anjos" na tradição católica. Trabalha para expandir e para intensificar a intervenção das hierarquias angélicas sobre a humanidade. Na segunda metade deste livro, veremos quais as hierarquias angélicas que influenciam e afetam a humanidade através dos ritmos do ciclo anual e por meio dos vários signos do zodíaco. Será a influência de Maria que guiará os ministérios da hierarquia angélica, mês a mês, de acordo com as energias de Cristo que atuam e afetam a humanidade, estação após estação. Esse ministério angélico mensal, orientado por Maria, tem laços antigos com o Feminino Divino e com o ciclo mensal que as mulheres experimentam durante toda a sua vida. Agora toda a humanidade sente as energias femininas circulando com mais dinamismo em ritmos mensais mais poderosos.

O Feminino Divino, como um novo poder de influência sobre a Terra, é encontrado numa das maiores e mais poderosas orações das escrituras. Essa oração com freqüência é chamada o Cântico de Maria ou o "Magnificat"; está no primeiro capítulo do Livro de Lucas. Repleta de grande esoterismo, ela encerra uma fórmula esotérica para evocar o Feminino Divino em tudo o que existe:

"A minha alma engrandece ao Senhor,
E o meu espírito exulta em Deus, meu Salvador;
Porque olhou para a humildade de sua serva. Sim! Doravante as gerações todas me chamarão de bem-aventurada;
Pois o Todo-poderoso fez grandes coisas por mim; e santo é o seu nome.
E a sua misericórdia é de geração em geração sobre os que o temem.
Ele agiu com a força de seu braço, dispersou os homens de coração orgulhoso.
Depôs poderosos de seus tronos e a humildes exaltou.
Cumulou de bens a famintos e despediu ricos de mãos vazias.
Socorreu Israel, seu servo, lembrando de sua misericórdia,
(Conforme prometera a nossos pais) em favor de Abraão e de sua posteridade, para sempre!"

Lucas 1:46-55

Nesse cântico há palavras e frases que invocam o Feminino Divino. Ele tem ligação com os fundamentos dos Mistérios de Cristo e com os preparativos para a sua revelação, iniciados já nos tempos de Abraão. O mais importante ensinamento do Cristianismo esotérico é sobre a "Polaridade entre o Masculino e o Feminino". Esse foi o ensinamento que Melquisedeque deu a Abraão, e que o Cristo transmitiria a seus discípulos e ao mundo todo.

Capítulo Cinco

O RITUAL DA CRUZ
E DA ESTRELA

A cruz e a estrela são os dois símbolos que predominam nos Mistérios de Cristo. Nos próprios Mistérios de Cristo, são os símbolos da "Grande Superação". A cruz é a assinatura terrena de Cristo e a estrela é a assinatura da alma. A cruz é o caminho probatório do discípulo e a estrela é o símbolo da conclusão do discipulado.

A cruz e a estrela são ambos símbolos muito antigos, encontrados em muitas culturas por toda a Terra. A estrela era a grande luz do Divino, que guia e desperta a humanidade — o trono no universo de deuses, deusas, anjos e arcanjos. O simbolismo da Estrela de Belém reflete esse aspecto. Em um nível, é a luz de Cristo que paira sobre aquele conhecido como Jesus e o abençoa, tornando possível ao Cristo caminhar sobre a Terra durante três anos. A estrela nos mistérios de Cristo é a luz interior da alma que estamos tentando manifestar na nossa vida. Ela vem à vida através do caminho esotérico do discipulado, o caminho da cruz.

A cruz tem um grande simbolismo em todas as antigas tradições de mistério. É o símbolo da humanidade arquetípica. Ela reflete a harmonização dos quatro elementos e sua união, necessária à mais elevada expressão da alma. O ponto de intersecção na cruz é o "centro sagrado" da vida. É o ponto de comunicação entre o mais elevado e o mais baixo. É o ponto no qual se encontram o espiritual e o físico. É o ponto em que há a maior energia e criatividade. É o ponto onde ocorre o nascimento. Isso é ainda mais importante quando consideramos que o pólo vertical reflete a energia masculina do universo e o pólo horizontal, a energia feminina. Sempre que as duas se unem, ocorre um novo nascimento.

Infelizmente, a Cruz do Calvário se tornou o símbolo do moderno Cristianismo. Nessa forma de cruz, o braço horizontal é mais curto do que o vertical, demonstrando novamente a predominância da Energia Masculina no Universo. A verdadeira cruz para os Mistérios de Cristo é a cruz de braços iguais; uma intersecção equilibrada do masculino com o feminino. Quando a humanidade aprender, primeiro, a equilibrar os pólos de energia (cruz de braços iguais), e, em seguida a dar expressão aos seus mais elevados dons, a cruz, simbolizando os Mistérios de Cristo, mudará. Os dois pólos cruzados formarão o paralelo, colunas gêmeas da verdadeira Iniciação de Cristo por meio das quais o iniciado da Nova Era entrará nos templos interiores.

A CRUZ E A ESTRELA DOS MISTÉRIOS DE CRISTO

O exercício de visualização e de meditação a seguir exerce um ótimo efeito sobre quem o pratica, despertando sua sensibilidade às verdadeiras energias de Cristo, à medida que elas atuam sobre o interior da humanidade. Ele estimula e fortalece o campo áurico e, se for praticado regularmente por um ano, desperta capacidades interiores, ativando a percepção extrasensorial de maneira totalmente consciente. Esse exercício é excelente na prática da meditação supersensível.

Nesse tipo de meditação, penetramos em níveis mais profundos e em experiências de energias arquetípicas — nesse caso, aquelas associadas com os Mistérios de Cristo. Em muitas formas de meditação, o praticante não se esforça o suficiente. No início, quando a pessoa começa a meditar, ela se concentra numa imagem, num som, num quadro, num pensamento

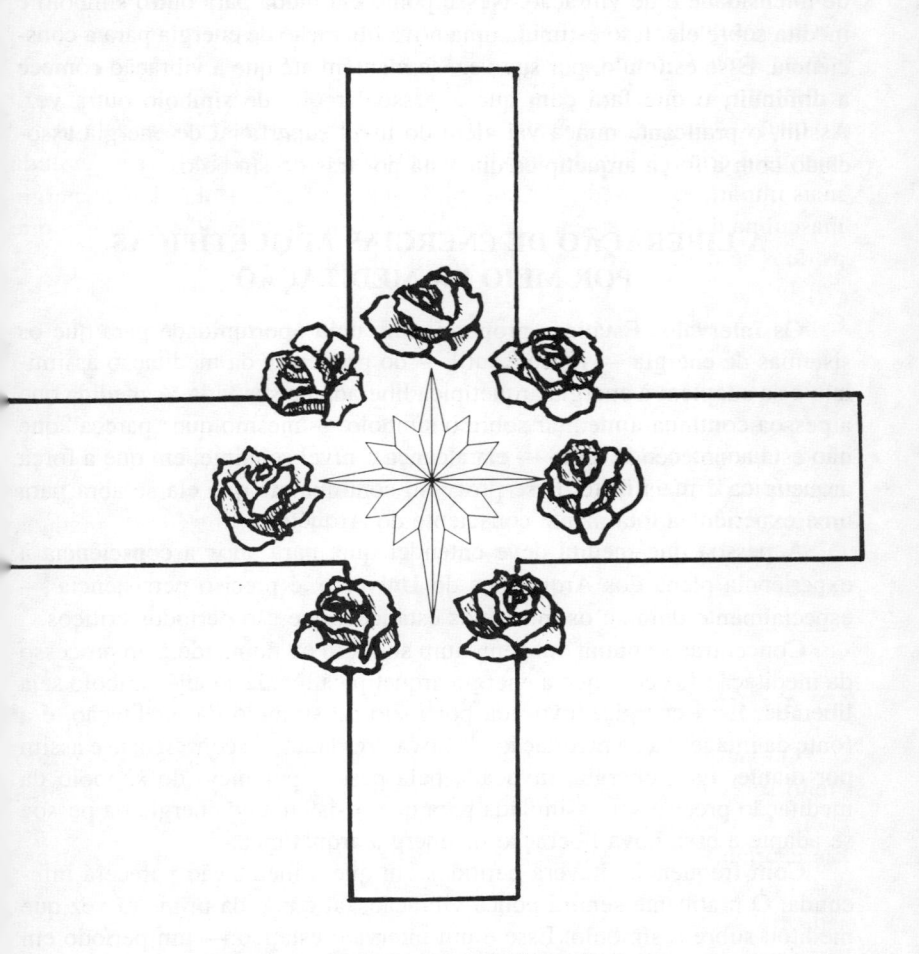

A Cruz e a Estrela dos Mistérios de Cristo

básico, etc. Isso, por sua vez, estimula na consciência da pessoa a liberação de uma energia associada com o objeto. Ela, então, muitas vezes começa a receber imagens vibrantes ou impressões.

À medida que a pessoa continua visualizando o mesmo símbolo durante dias ou semanas, as imagens recebidas em resposta vão diminuindo de intensidade e de vibração. Nesse ponto ela muda para outro símbolo e medita sobre ele. Isso estimula uma nova liberação de energia para a consciência. Esse estímulo, por sua vez, se mantém até que a vibração comece a diminuir, o que fará com que a pessoa troque de símbolo outra vez. Assim, o praticante nunca vai além do nível superficial de energia associado com a força arquetípica que está por trás do símbolo.

A LIBERAÇÃO DE ENERGIAS ARQUETÍPICAS POR MEIO DA MEDITAÇÃO

Os Intervalos Estáticos proporcionam uma oportunidade para que os sistemas de energia — física e sutil — do praticante da meditação assimilem e se adaptem à energia arquetípica liberada na sua vida. À medida que a pessoa continua a meditar sobre o símbolo — mesmo que "pareça" que não está acontecendo nada — ela alcança o nível seguinte, em que a força arquetípica é mais forte. Esse processo continua até que ela se abra para uma experiência totalmente consciente do Arquétipo.

A pessoa que medita deve entender que, para abrir a consciência à experiência plena dos Arquétipos do Universo, é preciso persistência — especialmente durante os intervalos estáticos, que são períodos críticos.

Concentrar-se numa imagem, num símbolo ou numa idéia no processo da meditação faz com que a energia arquetípica ligada àquele símbolo seja liberada. Essa energia, invocada por meio do símbolo da meditação, é a fonte da imagética da meditação, de novas verdades, de consciência e assim por diante. Essa energia, invocada pela pessoa por meio do símbolo da meditação precisa ser assimilada para que o sistema de energia da pessoa se adapte a essa nova liberação de energia arquetípica.

Com freqüência, haverá períodos em que a meditação parecerá infecunda. O praticante sentirá pouca vibração, tal como da primeira vez que meditou sobre o símbolo. Esse é um intervalo estático — um período em que o sistema da pessoa está se aclimatando à energia já liberada. Essa aclimatação deve ocorrer antes que o nível seguinte, mais profundo, seja liberado. Se a pessoa continuar a meditar sobre esse símbolo, esse intervalo estático passará, dando lugar a uma experiência ainda mais intensa da energia arquetípica. Esse processo continua até a pessoa alcançar uma percepção plenamente consciente e uma união com a Força Arquetípica.

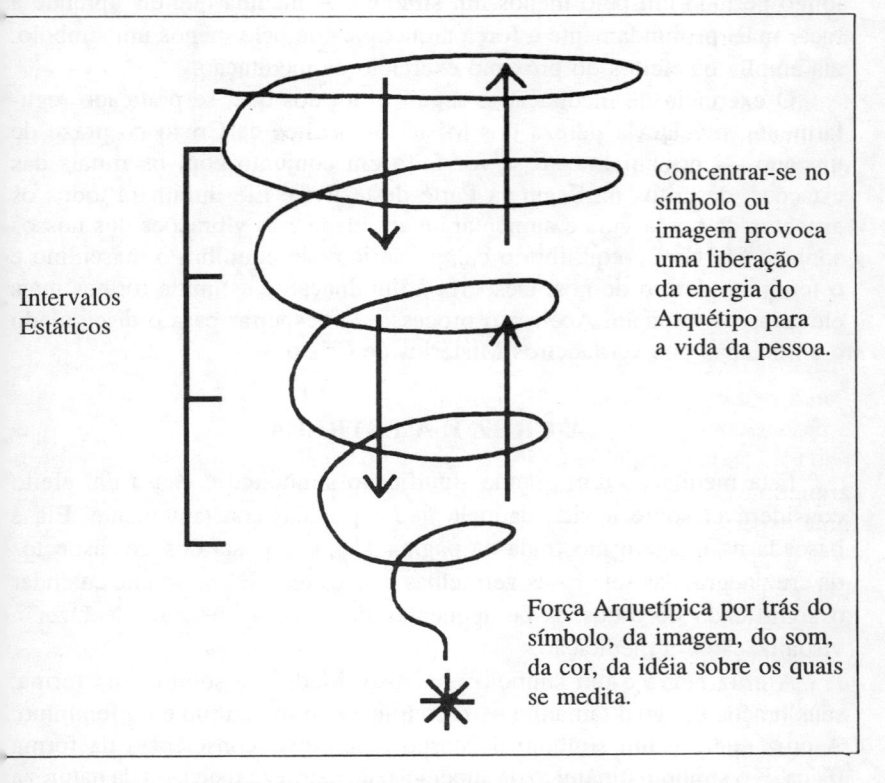

Intervalos
Estáticos

Concentrar-se no
símbolo ou
imagem provoca
uma liberação
da energia do
Arquétipo para
a vida da pessoa.

Força Arquetípica por trás do
símbolo, da imagem, do som,
da cor, da idéia sobre os quais
se medita.

Símbolo, imagem, som, idéia sobre os quais se medita.

A maioria das pessoas não persiste além do primeiro intervalo estático. Ficam entediadas ou acreditam que não estão conseguindo progressos. Isso porque não têm consciência do processo que está ocorrendo. Por isso, passam a se concentrar em outros símbolos, fazendo com que novas "experiências" aconteçam. Se persistirem com esse símbolo, chegarão a um novo ponto de intervalo estático. Esse tipo de meditação só permite uma experiência superficial da força arquetípica que há por trás da imagem e do símbolo.

Isso não quer dizer que a meditação não sirva ao seu propósito, mas, sim, que a pessoa deve, durante a meditação, se concentrar durante um longo período em pelo menos um símbolo. À medida que ela aprende a tocar mais profundamente a força arquetípica de pelo menos um símbolo, ela amplia os efeitos do próximo exercício de meditação.

O exercício de meditação a seguir é um dos que, se praticado regularmente, revelará a pureza dos Mistérios ocultos de Cristo no prazo de um ano — principalmente se for feito em conjunto com os rituais das estações, descritos na Segunda Parte deste livro. Ele iluminará todos os aspectos da nossa vida e aumentará a atividade e as vibrações dos nossos sonhos. Ele cura e equilibra o campo áurico, ele equilibra o masculino e o feminino dentro de nós. Desperta a iluminação e estimula formas mais elevadas de intuição. Acelera o processo de despertar para o discipulado e a iniciação nos verdadeiros Mistérios de Cristo.

A CRUZ E A ESTRELA

Esta meditação tem grande significado simbólico e causa um efeito considerável sobre a vida daquele que a praticar constantemente. Ela é baseada na imagem mostrada na página 115, composta dos três aspectos da cruz negra, das sete rosas vermelhas e da estrela. É importante entender o significado de todos os componentes dessa imagem antes de fazer a visualização e a meditação.

A cruz negra é um símbolo poderoso. Medita-se sobre a sua forma, seus braços de igual tamanho — o equilíbrio do masculino e do feminino. A cruz negra é um símbolo do corpo físico e da consciência da forma física. É o símbolo dinâmico da superação da natureza física, ou da natureza inferior. Trata-se da disciplina do caminho probatório, que traz estabilidade e harmonia para a vida física.

Quando o eu inferior é equilibrado e mantido sob controle, a pessoa produz expressões mais elevadas de energia. Isso é representado pelas sete rosas vermelhas. O sete sempre foi um número místico, muitas vezes associado ao conhecimento superior expressado na vida física. Nas escrituras bíblicas podemos encontrar várias referências — de Isaías a São Paulo — aos sete dons do Espírito Santo.

À medida que trilhamos o caminho da provação e nos abrimos ao verdadeiro discipulado, nossos potenciais interiores se manifestam. Esses potenciais ou dons — representados pelas rosas — podem ser qualquer coisa que quisermos. Geralmente, são os dons que mais desejamos desenvolver. No entanto, é importante definir e não mudar os dons que as rosas simbolizarão para vocês. Não os troquem de semana em semana, ou de mês em mês. Mantenham o significado e a ênfase neles ao menos por um ano cíclico das energias de Cristo.

Os Sete Dons do Espírito Santo

Sabedoria ao falar (palavras de sabedoria)
Palavras de conhecimento (poder de expressar conhecimento)
Dom da fé
Dom da cura e dos milagres
Dom da profecia
Dom do discernimento espiritual
Dom das línguas

Os Sete Dons da Luz

Sabedoria
Entendimento
Dom de aconselhar
Poder
Conhecimento
Temor de Deus
Piedade

Os Sete Dons da Iluminação

Amor
Alegria
Paz
Paciência
Gentileza
Bondade
Fé

As rosas podem representar o que você quiser — desde uma grande prosperidade até a mais elevada intuição. (Você não está preso aos exemplos acima.) Decida quais os sete "dons" que mais deseja manifestar e expressar na sua vida. Quais são as coisas mais importantes para você e para onde você está indo? Pense nisso cuidadosamente, visto que este exercício coloca as energias arquetípicas em movimento, energias que manifestam oportunidades de desenvolver e de manifestar esses dons. Muitas vezes esses "dons" podem surgir, digamos, "pela porta traseira". Por exemplo, alguém que deseje ter a *paciência* como um de seu dons, pode atrair circunstâncias no curso do ano que testarão e colocarão à prova a sua paciência, fazendo com que esse dom se desenvolva com mais vigor.

Esses dons não aparecem "num passe de mágica". Eles se desenvolvem no nosso dia-a-dia. A iniciação e o desenvolvimento não ocorrem em situações artificialmente provocadas, mas sim quando esses dons são usados nas circunstâncias da nossa vida diária. Podemos visualizar e projetar energia emocional nisso, mas, a menos que façamos algo físico para ajudar seu desenvolvimento e para expressá-los, esses dons nunca se manifestarão. Temos de aprender a manifestar as energias mais etéricas no curso de nossa vida física. E mesmo que esses dons já tenham sido desenvolvidos numa vida passada, eles terão de ser desenvolvidos e expressos outra vez num nível ainda mais elevado.

Meditação

As sete rosas vermelhas devem ser visualizadas num círculo, no ponto de intersecção dos dois braços da cruz negra. Mentalize cada rosa desenvolvendo-se na cruz — cada dom se manifestando na sua vida à medida que você controla e dirige o eu físico inferior.

Dentro do círculo das sete rosas vermelhas, visualize a estrela brilhando. Suas energias alimentam as rosas para que elas surjam mais vibrantes na sua vida. Visualize as emanações da estrela partindo do seu coração, através dos dons das rosas e, projetando-se para fora e para além de cada aspecto da sua vida física, simbolizada pela cruz negra. (Novamente, consulte a imagem da página 115.) A estrela é a energia de Cristo que vive no coração de toda vida física do planeta e que dá maior impulso e oportunidade para expressarmos o divino.

A imagem, uma abstração do divino dentro de nós, serve como um sinal chamando para que o manifestemos mais intensamente.

Deixe que a imagem se superponha e penetre o seu corpo físico, pois isso causa um grande efeito no campo áurico, fortalecendo-o e energizando-o.

O círculo de rosas vermelhas ao redor da estrela deve ser visualizado em volta do nosso coração, onde mora a centelha divina que existe em tudo. À medida que você visualiza e forma a cruz de braços iguais, à cruz do equilíbrio e da polaridade, deixe que cada rosa comece a brotar e a florescer. Enquanto elas desabrocham, uma de cada vez, pense no "dom" associado a cada uma para que ele também se desenvolva na sua vida. Faça o mesmo com as outras seis rosas vermelhas, que formarão um círculo na intersecção da cruz negra. Depois visualize uma estrela dentro do círculo das sete rosas vermelhas. Visualize-a nutrindo e alimentando constantemente a força do Cristo na sua vida e na manifestação dos seus potenciais mais elevados. Visualize esse processo enquanto estiver acordado ou dormindo — consciente ou inconsciente — e tornando-se mais forte a cada dia.

Não se limite ao significado e à importância dados neste livro a essa imagem. Use-a como base, e procure atribuir à imagem um significado que faça sentido para você. Deixe que a imagem cresça em significado e, portanto, em energia.

Reserve ao menos dez minutos por dia para focalizar e concentrar-se nessa imagem. Isso permite que ela cubra e penetre no seu corpo físico e na sua vida.

Os pontos de intersecção contêm muita energia e, por isso, as rosas se manifestam no ponto de intersecção dos braços masculino e feminino da cruz. Se praticar essa visualização e meditação nas horas do dia, em que há uma intersecção, aumentará seus efeitos. O ocaso e a aurora são intersecções entre a noite e o dia. Antes de ir dormir e antes de se levantar pela manhã, você terá pontos de intersecção que separam a vigília do período de sono.

Se você fizer esse exercício logo antes de se deitar, ele exercerá um efeito dinâmico sobre o estado onírico. Torna os sonhos mais vibrantes e coloridos — e lhes dá mais significado ao revelar padrões de crescimento.

Esse exercício, se praticado todos os dias durante um ano, fará com que você atinja níveis de percepção difíceis de alcançar com outras formas de meditação. No entanto, ele tem de ser feito diariamente. Evite "esquecer-se dele" ou acreditar que "se pular um ou dois dias não fará diferença". O segredo de tudo é a perseverança.

Esse exercício tornará você receptivo à visão consciente do aspecto espiritual subjacente do mundo físico. Geralmente, isso acontece primeiro através dos sonhos. Ele desperta uma nova percepção e experiência do mundo físico, aumenta o discernimento e pode proporcionar maiores oportunidades de comungar com os reinos do espírito. Ele leva à cognição intuitiva do mundo em vários níveis, com uma capacidade maior de analisar as experiências da vida.

Mas o que é mais interessante, esse exercício desvenda a verdade dos Mistérios de Cristo que atuam sobre o planeta, e permite que participemos deles em escala mais ampla. Nossa vontade é transformada num "órgão" de percepção espiritual, que põe em execução o aspecto Amor-Sabedoria do Universo presente em todas as coisas.

Muitas vezes o coração é descrito anatomicamente como um órgão "colocado obliquamente dentro do peito". Entretanto, no coração dos Mistérios de Cristo está o Amor-Sabedoria que deve ser despertado no coração da humanidade. A cruz e a estrela são os símbolos do despertar da força mais elevada e da expressão das energias do coração. A humanidade é o Templo de Deus e o Coração do Santo dos Santos. É o aposento interior e o santuário no qual se move o Divino. Por meio dessa meditação, podemos despertar o Cristo que mora no nosso coração!

> "No Santo dos Santos de Israel pode-se ouvir o suave adejar das asas dos anjos, o sussurro e o farfalhar das cortinas e, no centro, a chama da Promessa Divina: Deus no seu Mundo."
>
> Manly P. Hall
> *Man — Grand Symbol of the Mysteries*

SEGUNDA PARTE

OS RITUAIS INICIÁTICOS
DAS ESTAÇÕES

"Tudo tem a sua hora, cada empreendimento tem o seu tempo debaixo do céu. Tempo para nascer, tempo para morrer; tempo para plantar, tempo para arrancar a planta. Tempo para matar e tempo de sarar; tempo para destruir, tempo para construir."

Eclesiastes 3:1-3

"O corpo físico e suas necessidades seguem o ritmo dos dias. O corpo da alma recupera suas forças em harmonia com os ritmos das estações do ano. O espírito nutre seu ser de acordo com o impulso rítmico do ciclo da reencarnação."

Corinne Heline

"As melodias que ouvimos são doces, mas as que não ouvimos
São mais doces; portanto, flautas doces, toquem,
Não para os ouvidos, mas, mais encarecidamente,
Toquem para o espírito cantilenas sem som..."

John Keats

Capítulo Seis

O PODER ANGÉLICO
DAS ESTAÇÕES

"O mundo redondo é bom de ver,
Nove vezes envolto em mistério;
Mesmo que videntes atônitos não consigam descobrir
O segredo do seu coração laborioso,
Vibre o teu com o seio palpitante da Natureza,
E tudo fica claro de leste a oeste.
O espírito que se oculta em cada forma
Chama o espírito de seus parentes;
Incandescendo-se, cada átomo brilha
E indica o futuro que lhe pertence."

Ralph Waldo Emerson
Nature

Todas as sociedades falaram, em alguma ocasião, sobre o caráter sagrado das estações. Os antigos mistérios continham ensinamentos sobre os ritmos e sobre os ciclos da natureza e do espírito e sobre como entrar em sintonia com eles de forma mais harmoniosa. Parte da nossa tarefa ao desenvolver nosso potencial mais elevado, é harmonizar todas as nossas energias com as energias e com os ritmos do universo. Temos de aprender a reconhecê-los, a entrar em harmonia com eles e a lançar mão deles para melhorar as circunstâncias da nossa vida.

Nas escolas das antigas Tradições dos Mistérios, os alunos aprendiam sobre o caráter sagrado das estações e sobre o poder que está disponível nessas ocasiões. Cada estação traz consigo uma mudança na energia, que é transmitida à humanidade de formas muito eficientes e, no entanto, muito sutis.

Há muitas maneiras de olhar para o ano. Podemos vê-lo começando em 1º de janeiro e terminando em 31 de dezembro. Podemos considerá-lo de acordo com a rotação entre o plantio e a colheita, começando com a primavera, passando pelo verão e pelo outono, culminando com o inverno. Para muitas das antigas sociedades, o ano seguia um curso diferente, um curso que tem grande significado e importância para o Cristianismo Oculto. O ano começava com o equinócio do outono, passava pelo solstício do inverno, pelo equinócio da primavera e culminava no solstício do verão.

Desse ponto de vista, o ano é dividido levando-se em conta a forma em que ele atua sobre a energia da alma do ser humano. Cada ano é considerado um "Ano da Alma", porque cada ano dá oportunidades para um novo crescimento anímico, se estivermos sintonizados com os ritmos da natureza.

Em geral, o período de quatro dias entre as estações, incluindo o término de uma e o início da seguinte, era considerado um "Intervalo Sagrado". Tratava-se da intersecção de duas energias, que criava um vórtice que tornaria mais tênue os véus entre o plano espiritual e o físico, e afetaria a vida do estudioso dos mistérios. Nesses períodos, é possível entrar em contato com certas energias que não são acessíveis em outras épocas do ano. Esse intervalo de quatro dias, que marca o término de uma estação e o começo de outra, é um período em que as forças espirituais atuam mais intensamente sobre a Terra. Cada estação assinala um tempo em que uma manifestação particular da força espiritual do universo se torna predominante e influencia cada átomo de vida sobre o planeta.

O "Ano da Alma" é um ano de crescimento acelerado e de mudança para aquele que entra em sintonia com essas energias e faz uso delas. Na vida de todas as pessoas há anos de maior ou menor crescimento anímico. A tarefa do estudioso dos Mistérios de Cristo é fazer com que todos os anos sejam "Anos da Alma".

O início do "Ano da Alma" é o equinócio do outono. Cada troca de estação traz consigo um novo impulso espiritual que atua em nossa vida através da natureza — tocando cada um de nós no nível atômico da nossa energia. Ele toca a alma oferecendo a oportunidade de crescimento. No outono, as energias atuam sobre a humanidade, facilitando a nossa receptividade com relação a um novo impulso espiritual. Esse impulso é consagrado no inverno, ressuscitando sob uma nova forma de expressão na primavera. Em seguida, chega à sua plenitude e se consuma no verão.

Em cada ponto de mutação do ano, os portais dos templos espirituais interiores e dos mundos se abrem à Terra e liberam um novo jorro de força espiritual sobre o planeta. Quanto mais conscientes dessas épocas nos tornarmos e quanto mais as celebrarmos mais aproveitaremos essas forças para acelerar nosso crescimento e melhorar a nossa vida.

Por trás de todos os fenômenos físicos está uma determinada força arquetípica, motivo pela qual as ciências físicas eram consideradas sagradas em épocas mais remotas. A natureza era a forma pela qual o Divino falava à humanidade. As sabedorias antigas englobavam a religião, a ciência, a arte e a astronomia. O movimento das estrelas e as mudanças de estação refletem interações específicas de energia entre os mundos divinos e o físico.

A estrutura atômica de todas as formas de vida é afetada pela mudança das estações. Esse aceleramento dá a cada pessoa oportunidades únicas de crescer, de se expressar e de fazer transições. A comunicação com outros seres e dimensões ocorre com mais facilidade e de forma mais ampla. Saber quais energias estão atuando em cada estação e como elas se manifestam no ambiente terrestre é o primeiro passo para aprender a controlá-las e a fazê-las exercer maior influência na nossa vida.

A vida de cada homem e de cada mulher corresponde às estações e é refletida por elas. O inverno é o tempo do nascimento sagrado; a primavera é a juventude da expressão; o verão é a maturidade e o outono é o tempo da colheita e da recapitulação. É o tempo de jogar fora o velho para conseguir o novo.

O Egito é a fonte primária da moderna Tradição Ocidental dos Mistérios e da importância das estações nos Mistérios de Cristo. A personagem bíblica Davi passou algum tempo no Egito quando fugia de Saul. José foi vendido como escravo no Egito e chegou aos píncaros da glória. Moisés estudou em Heliópolis, a Cidade do Sol. Na vida egípcia, o caráter sagrado das estações ocupava lugar de destaque. A sacralidade das estações gira com o movimento da Terra em torno do Sol durante um ano. Por meio das tradições esotéricas gregas e hebraicas — com sua influência egípcia — ainda temos acesso a informações acerca do uso dos Mistérios de Cristo durante essa época sagrada.

O Ano da Alma nos Mistérios de Cristo tem como pontos principais: o nascimento, a morte, a ressurreição e a ascensão. Desde que "Cristo morreu na Cruz", a energia Crística, agora parte da estrutura energética da própria Terra, se manifesta na vida da humanidade de acordo com os ritmos naturais do planeta. As energias de Cristo aumentam a influência dos ritmos normais e continuarão fazendo isso, seguindo esse ciclo até que a humanidade tenha evoluído a ponto de não precisar mais do plano físico.

As quatro estações são um chamado para irmos mais alto. Elas são períodos para gerarmos novas expressões de nossas energias divinas, para uma clarividência e iniciação mais elevadas. Essas são épocas que ajudam a despertar e a usar as energias de Cristo para impulsionar o nosso processo de crescimento.

O EQUINÓCIO DO OUTONO

O outono é o tempo em que as energias de Cristo influenciam a humanidade, facilitando o processo de purificação da nossa vida, o plantio de novas sementes e a realização de novos empreendimentos. A natureza da força, que agora é inerente ao Cristo, afeta-nos de várias maneiras, de acordo com cada estação, promovendo mudanças sutis e criando oportunidades para os que estão despertos. O outono é o tempo de definir novos valores, de tomar novas decisões e de buscar novos objetivos. É a hora da colheita e do assentimento com relação ao que se passou no ano anterior; é o tempo de estabelecer novos objetivos para o ano seguinte. É o tempo em que as energias que influenciam toda a humanidade são os ideais para purificar a mente e para transmutar o que impede a plena e mais elevada expressão do Divino Feminino. Isso permite que a energia posta em ação seja mais aproveitada durante o resto do ano.

O outono tem uma energia que ajuda a purificar e a transmutar o inferior, a superar os obstáculos e a preparar nossas forças criativas para a regeneração. É um tempo para a colheita e para a recapitulação espiritual. É tempo para livrar-se do velho a fim de preparar-se para o novo. É tempo de transição e para iniciar a transição. Se entrarmos em sintonia com ele, o outono traz oportunidades para as mudanças necessárias e para a necessária purificação.

A estação do outono põe em movimento uma energia que facilita a comunicação com a hierarquia angélica e que pode aumentar durante o ano. (Como veremos ainda neste capítulo, muitos daqueles que pertencem à hierarquia angélica trabalham com os ritmos das estações e através dos vários signos do zodíaco, para facilitar o crescimento da humanidade.) O outono também dá oportunidade para se equilibrar o plano físico e o espiritual. Durante essa estação, nossos sonhos com freqüência revelam muita coisa sobre a medida e sobre a natureza dos nossos valores. A estação também nos leva a analisar nosso julgamento. Há o amadurecimento da colheita passada, junto com a oportunidade de semear para a colheita do ano seguinte. As sementes que, no outono, forem lançadas ao solo darão frutos no outono seguinte.

O modo como essas energias interagem na vida das pessoas varia; por isso é importante, nesta época, ficar "tão alerta" com relação aos acontecimentos da vida. Essas energias atuam de um modo que, no dia do equinócio de outono e durante os três dias que o precedem, o corpo etérico de todos entra novamente em sintonia com o plano físico. Isso dá oportunidade para curar, equilibrar e fortalecer mais o corpo físico. Também permite uma visão mais consciente do reino etérico. É hora de se preparar para que as dádivas do Feminino Divino possam ser geradas mais facilmente no inverno, sustentadas e expressas por meio de uma nova vibração do masculino na primavera, e, então, unidas com o Masculino Divino para, durante o verão, dar à luz à Criança Divina em nós.

O SOLSTÍCIO DO INVERNO

À medida que o Sol caminha pelo signo de Capricórnio, no hemisfério norte, começa a estação do inverno. Esse movimento traz com ele uma mudança de energias que tocam a vida como um todo. As energias do planeta, agora, inerentes a Cristo, atuam para harmonizar as energias astrais e etéricas da humanidade e do planeta com o plano físico.

Esse é o período do ano em que predomina o amor. As energias de Cristo convergem para a humanidade a fim de despertar as energias femininas dentro de todos nós. Devido à sintonização que ocorre nessa época, junto com o despertar das energias femininas, muitos daqueles que pertencem à hierarquia angélica se aproximam da Terra. Esses seres são percebidos e vistos por muitas pessoas — ao menos em sonhos. Falaremos mais sobre isso no capítulo sobre "O Ritual do Solstício de Inverno".

As energias do solstício de inverno e de todos os festivais celebrados nessa época do ano estão ligadas à vida dos seres humanos, à cura, ao renascimento e ao chakra do coração. Trata-se da estação que aprofunda o sentimento da vida que flui para nós do astral. Ela permite que encontremos paz para a alma e um novo despertar dos potenciais inferiores. O inverno atua fortemente sobre o coração de todas as pessoas.

Essa é a época do ano em que a luz interior é acesa, apesar da escuridão exterior; portanto, é um tempo propício a revelações por meio dos sonhos e das meditações. É um tempo de se interiorizar para conseguir diminuir a sensação de separatividade. É o tempo em que as energias femininas são estimuladas em toda a vida existente no planeta, de forma que suas sementes possam brotar no escuro e começar seu crescimento rumo à luz.

A energia de Cristo que desce sobre nós nessa época do ano traz oportunidades de cura e de expansão da consciência para os que se abrirem totalmente para ela. É o tempo que nos deixa antever o que ainda precisamos enfrentar no processo de crescimento. O inverno nos ajuda a descobrir o que ainda temos de enfrentar dentro de nós se quisermos dar à luz coisas mais elevadas.

Trata-se, na verdade, de um tempo para fazer uma pausa nas atividades exteriores para que possamos acender a luz que existe dentro da nossa escuridão. Trazer uma nova vida da escuridão do útero é o objetivo dessa estação, e é também o propósito do aceleramento das energias de Cristo, que ocorre nesse período, sobre a humanidade. Esses ritmos universais que convergem sobre nós estão destinados a permitir que o buscador espiritual desperte seus dons e luz interiores.

A energia dessa estação é a mais apropriada para aprender como equilibrar as emoções e como usar a energia astral para fazer com que os profundos mistérios femininos possam se desenvolver — a capacidade de criar que há dentro de cada um de nós. As energias desse período estimulam a introspecção e inspiram a seriedade necessária para uma meditação mais profunda. Os que querem ser bem-sucedidos na meditação e no trabalho com os sonhos, ou os que têm dificuldade com relação a eles, não podem escolher melhor época para iniciar essas atividades.

Essa é a época em que as partes se abrem para que os seres humanos se aproximem das hierarquias angélicas. É a época em que as energias universais e de Cristo facilitam a iluminação, perdoando e esquecendo ressentimentos mesquinhos e grandes falhas. É tempo de uma nova iniciação.

O EQUINÓCIO DA PRIMAVERA

Quando o Sol sai do signo de Peixes (água) e entra no signo de Áries (fogo), tudo o que estivemos purificando e criando ao longo do inverno pode agora ter maior expressão. A mudança de energia que ocorre na Terra nessa época do ano marca um período de maior expressão da energia masculina em todos nós. É hora de desvelar e de reformar nossos aspectos criativos de forma mais dinâmica e positiva — é tempo de ressuscitar o Feminino e de tirá-lo da escuridão.

A força criativa que existe dentro de cada um de nós é impelida a se exteriorizar. Áries é o signo do fogo criativo, dos novos começos. Atribuiu-se um grande significado esotérico a essa época do ano — da ressurreição de Tamuz na Suméria à ressurreição de Cristo na tradição cristã.

A tônica dessa estação é a criação e a expressão do novo. É uma época excelente para iniciar novos empreendimentos e para criar oportunidades para eles em nossa vida. (Analisaremos esse assunto mais detalhadamente no capítulo "O Ritual do Equinócio da Primavera".) As energias que nos impulsionam nesse período são ideais para pôr uma nova ordem na nossa vida. As energias da primavera são revigorantes e se propagam no plano físico. Elas dão impulso para mudanças e para o equilíbrio do masculino e do feminino dentro de nós.

No Cristianismo Ortodoxo Ocidental, associou-se a tristeza e a dor a essa época do ano. Foi dada maior ênfase à "Crucificação", quando esta deveria ter sido dada à "Ressurreição", que reflete as verdadeiras energias que atuam agora no planeta. Há um impulso para ressuscitar a nossa vida — nem que seja apenas para sair da calmaria do inverno. É hora de nos dedicarmos à transmutação consciente da nossa vida. As águas correntes da vida (Peixes) recebem um novo brilho (Áries). Se nos esforçarmos para concluir a limpeza e os preparativos nas duas estações anteriores, esse novo brilho pode ocasionar mudanças em todas as áreas da nossa existência. Ele desperta o "Fogo verde mágico" das lendas gaélicas — a força alquímica. Essa força é agora mais forte no planeta devido à influência de Cristo.

O SOLSTÍCIO DE VERÃO

O solstício de verão marca o auge do "Ano da Alma". Por um período muito curto, todos os quatro planos de vida entram em sintonia com o plano físico — o espiritual, o mental, o astral e o etérico. Por isso, chega até nós, no plano físico, um fluxo contínuo de energia espiritual. Essa estação nos dá oportunidade de concluir uma fase do nosso crescimento espiritual. É um tempo em que a separatividade pode levar à unidade — em qualquer área da nossa vida.

O solstício de verão é um período em que as forças da natureza alcançam o ápice do seu ciclo anual, e a energia de Cristo aumenta sua magnífica atuação em nossa vida. A tônica é a transformação e a transmutação que instila maior espiritualidade. As energias que estão disponíveis nessa época do ano tornam a comunhão com nossos irmãos angélicos mais fácil e mais profunda.

Esse é o tempo da fusão do masculino e do feminino dentro de nós para maior expressão e para um nascimento mais elevado. O glifo do signo de Câncer ajuda a entender melhor o significado esotérico dessa fusão. O inverno é a época de estimular o feminino dentro de nós, enquanto a primavera é o tempo de incentivar o masculino. O verão é a hora de unir os dois para dar nascimento à Criança Sagrada que mora dentro de cada um de nós. Se acompanharmos esses ritmos, nessa estação ascenderemos a uma nova forma de expressão na vida.

Esse é o tempo do Casamento Místico — a união do masculino e do feminino, a ligação da glândula pineal à pituitária (chakras da coroa e frontal) — para nos abrir a uma nova compreensão da nossa verdadeira essência. Se entendermos bem e dermos vazão a esses impulsos naturais, eles estimularão uma iluminação sem limites. O outono libera as forças de purificação e de preparação; o inverno, as forças do amor — o feminino. A primavera libera a força da vontade — o poder masculino — mas o verão libera a "Força da Luz"! É o tempo da *luz interior*, que só se manifesta com a renovação da mente. A luz traz beleza e lucidez, e são essas duas qualidades as palavras-chave do verão.

Na busca empreendida pelo aprendiz das coisas do espírito, deve haver harmonização e sintonia, não só com as energias de toda uma encarnação, mas também com as energias do ciclo anual. Tratando-se dos Mistérios de Cristo, é preciso estar sintonizado com esse ciclo para atingir a mais alta iniciação. Como veremos nos próximos capítulos, cada estação está sintonizada com determinado Mistério de Cristo, e pode nos ajudar a ver que o Cristianismo destinava-se a ser uma Escola Moderna de Mistérios. Ao entrar em sintonia com esses mistérios e com seus ritmos por todo o ano, nos harmonizamos com suas energias físicas e espirituais. E essa harmonia pode nos levar à iluminação, à revelação e ao verdadeiro desenvolvimento.

O CICLO ANUAL DAS ENERGIAS DENTRO DO CORPO

Todas as antigas tradições continham ensinamentos sobre as energias masculinas e femininas que existem dentro de cada um de nós. A missão do aluno espiritual era aprender a equilibrá-las e a expressá-las de forma criativa nas circunstâncias da sua vida. Os primeiros alquimistas afirmavam que a verdadeira iluminação e harmonia seria um resultado da união do sol com a lua — ou seja — uma união das energias masculina e feminina. Em um nível, isso pode ser interpretado como a união do subconsciente com o consciente. Em outro nível, pode ser a união dos centros de luz que existem dentro do nosso corpo — os chakras — particularmente os das glândulas pituitária (frontal) e pineal (coroa). Dentro dessas duas jóias consuma-se o trabalho divino!

A glândula pineal é a sede da energia masculina. Na tradição esotérica, ela é chamada de Semente do Sol. É a parte ativa do nosso sistema energético — que nos permite expressar nossas qualidades divinas no mundo físico. Para que sejam expressas e vivenciadas em sua plenitude, precisamos ser suficientemente dedicados e espiritualizados — e bastante sábios para saber como ativá-las e colocá-las em prática.

Ao longo do ano, a energia masculina flui através do corpo, fazendo um circuito anual — que é, de muitas formas, um caminho semelhante ao do sol pelo céu. À medida que essa energia se move pelo corpo, ela ativa e estimula outros centros e correntes de energia — de acordo com o ritmo das estações.

Depois do solstício de verão, essa energia começa a fluir pelo corpo, até atingir, no equinócio de outono, o centro do chakra da coroa, ajudando a sintonizar as energias do corpo físico com os ritmos e com as energias da Natureza e do Cristo, que atuam sobre nós e dentro de nós nessa época do ano.

Depois do equinócio de outono, a energia masculina recomeça a se movimentar. Por ocasião do solstício do inverno, ela alcançou o plexo solar, estimulando aí uma maior atividade. Nos antigos mistérios, esse centro era denominado a "manjedoura" do corpo humano, ou templo humano. Este é o chakra do nascimento e da iluminação inferiores, que sempre devem anteceder o nascimento mais elevado.

Por ocasião do equinócio da primavera, o Sol, ou a energia masculina, está se movendo para cima, alcançando outra vez o coração. No outono, ela estimula a purificação do coração e na primavera estimula o centro do coração para dar uma expressão mais elevada às suas forças criativas.

Por ocasião do solstício do verão, a força masculina do corpo ascende mais uma vez à sua posição mais alta, localizada na glândula pineal, proporcionando-nos maior oportunidade de alcançar mais iluminação. Prestar mais atenção aos próprios ritmos, e praticar os exercícios de meditação já abordados, fará com que esse circuito energético irradie nova vida e novos poderes que restauram a vitalidade e a vibração do corpo, da alma e do espírito.

Também temos em nós energias femininas. Tal como as masculinas, elas também percorrem um circuito através do corpo. As energias femininas não seguem o curso do Sol, mas o da Lua. Cada fase da Lua traz uma mudança e estimula o movimento das energias femininas dentro de nós. Ela se renova mês a mês, mas, no curso de um único ano, essa energia feminina pode ser acumulada, por meio de várias práticas, para conferir poder e força dinâmicos a nossa vida em todos os níveis.

A sede das energias femininas é a glândula pituitária. Elas seguem um circuito mensal, que corresponde ao percurso da Lua ao redor da Terra e através dos doze signos astrológicos. Na Lua Nova, a energia feminina está em sua sede, a glândula pituitária (chakra frontal). No Quarto Crescente, ela se move para o chakra da laringe, estimulando esse centro de expressão superior.

Por ocasião da Lua Cheia, a energia feminina chega ao nosso centro de reprodução (chakra básico ou da raiz). Esse é um período muito importante, em que uma quantidade enorme de energia é liberada no nosso sistema. Se essa fase passar despercebida, o poder de germinação da Lua pode ser facilmente dissipado e perdido por causa do mau uso das energias. Através da meditação apropriada, ele pode ser facilmente conservado e depois levado, mais uma vez, à pituitária durante o resto do mês. Se isso for feito ao longo do ano, um enorme reservatório de energia se acumulará, podendo ser usado para grandes transformações alquímicas.

Na fase do Quarto Minguante, depois da Lua Cheia, a energia feminina se recolhe mais uma vez ao chakra da laringe, agora provavelmente mais forte devido ao seu contato com o centro inferior. Em seguida, mais uma vez na Lua Nova, ela alcança a sua fonte, a glândula pituitária.

Muitas tradições e sociedades antigas aguardavam a época do solstício de verão para unir o masculino e o feminino. As energias femininas, acumuladas durante o ano anterior, uniam-se à energia masculina. Através de técnicas especiais de meditação, é possível ligar as energias no local exato do terceiro ventrículo do cérebro, que é a ponte entre as glândulas pineal e pituitária. Um arco-íris é formado, levando à plena consciência e à iluminação espiritual.

Esse é o ponto da manjedoura superior — o nascimento mais elevado. As energias masculina e feminina — através das glândulas pineal e pituitária — são os pais numa união que cria uma nova vida — física e espiritual. A divina Criança Crística nasce dentro de nós.

O PODER ANGÉLICO DAS ESTAÇÕES

Todas as formas de vida seguem uma hierarquia. A humanidade muitas vezes não percebe esse fato por ter uma visão míope da vida. Parte do propósito dos Mistérios de Cristo foi abrir esta visão: "O Espírito Santo está sobre ti, pois ele te ungiu para evangelizar os pobres, enviou-te a curar os do coração ferido, a apregoar liberdade aos cativos, a dar vista aos cegos, a pôr em liberdade os oprimidos, a anunciar um ano de graça do Senhor. Então começou a dizer-lhes: Hoje se cumpriu essa Escritura que acabastes de ouvir." (Lucas 4:18-22) Ajudando Cristo nessa tarefa e em todos os seus empreendimentos estão todos aqueles seres de luz que pertencem ao que chamamos de hierarquia angélica.

Essa visão de vida está se ampliando a cada ano, e aqueles que quiserem acelerar seu crescimento e evolução terão de assumir a responsabilidade de ampliar a própria consciência, passando a perceber não só os ritmos individuais da vida, mas também os ritmos mais universais. Isso proporcionará um maior entendimento e um trabalho mais eficaz com aquelas formas de vida e com energias que já transcenderam a humanidade.

Como vimos, os Mistérios de Cristo requerem que se reconheça o Cristo como um Logos Planetário que influencia e acelera a evolução da humanidade com os ciclos rítmicos das estações. O Cristo atua dentro de nós, afetando a humanidade; porém, há aqueles que o ajudam, agindo de modo mais "exterior".

Como o grande Arcanjo Solar, o Cristo é ajudado por outros seres da sua hierarquia. Quatro deles governam as quatro estações. Eles ajudam o Cristo durante cada estação de modo que a humanidade receba os efeitos mais benéficos dessas energias. Esses quatro arcanjos são:

Miguel — Outono
Gabriel — Inverno
Rafael — Primavera
Auriel — Verão

Esses quatro arcanjos e suas funções específicas nos Mistérios de Cristo serão analisados nos próximos quatro capítulos, quando descreveremos cada uma das estações.

Outros seres da hierarquia angélica também trabalham para ajudar a humanidade. Eles o fazem de acordo com os ritmos das estações e dos meses, em conjunto com as leis da polaridade — o equilíbrio entre o masculino e o feminino, essência dos Mistérios de Cristo. As atividades da hierarquia angélica vêm sendo executados desde que a humanidade pisou pela primeira vez na face da Terra; infelizmente, são poucos, ou foram poucos, os que têm consciência disso. Em muitas sociedades, aqueles que estudavam os mistérios aprendiam sobre as atividades desses seres, mas o público em geral tinha pouca informação a esse respeito ou relegavam o assunto ao campo da superstição.

A influência desses seres celestiais aumentou desde o surgimento do Cristianismo. Com o Cristo trabalhando intimamente com a Terra, a humanidade se tornou mais sensível à ajuda da hierarquia angélica. Essa sensibilidade aumentou ainda mais pelo fato de grande parte da atividade arcangélica ser governada pelo que o Cristianismo chama de "Bem-aventurada Mãe Maria". Ela é quem orienta suas atividades, oferecendo-lhes uma ajuda externa na amplificação das suas energias sobre a humanidade — trabalho semelhante ao que o Cristo faz internamente.

Maria é chamada pelos cristãos ortodoxos de "Rainha do Céu e dos Anjos". A Assunção de Maria foi, em parte, a ascensão de suas energias, a iniciação da "assunção de seu papel no universo e nos Mistérios de Cristo. Por isso, é mais importante ainda que o verdadeiro estudioso dos Mistérios de Cristo entenda o significado oculto da hierarquia angélica na nossa vida.

A astrologia é um guia para a interação dos seres celestiais dos reinos superiores com a nossa vida. Eles nos influenciam de modo sutil, mas real, por meio do seu condicionamento e das energias e forças que nos regem. Nosso mapa astrológico mostra o relacionamento entre cada entidade celeste e planetária e nós mesmos.

Em certo nível o zodíaco é um símbolo dos doze ministérios criativos dos seres celestes conhecidos como anjos na nossa vida. Os doze signos do zodíaco correspondem a doze grandes "padrões" de influência angélica. Esses seres de luz chamados anjos trabalham usando os signos do zodíaco ao longo do ano para fazer mudanças na energia do planeta e de todo tipo de vida. À medida que nos tornamos mais sintonizados com esses ritmos, nossa comunhão com os anjos que estão por trás deles aumenta e a nossa vida fica repleta de bênçãos. Esses seres angélicos difundem suas energias pelo universo e pelo nosso sistema solar através dos signos do zodíaco e dos planetas. Quanto maior a nossa sintonia com eles, tanto mais podemos nos beneficiar com essa influência. Aprender a fazer isso é parte da missão do Cristão Oculto.

Assim como as estações refletem o movimento das energias do Cristo em determinados padrões que afetam todas as formas de vida, os meses dentro da estação (e seus signos astrológicos) refletem a influência angélica que ajuda no direcionamento da energia liberada por Cristo, de forma que ela seja usada de modo mais eficaz pelas pessoas. A energia se modifica a cada mês, de acordo com a mudança da estação.

A cada estação vigora um determinado padrão de energia, que predomina naquele período. Cada mês dentro dessa estação também tem seu padrão, estabelecido pelos anjos dos signos que correspondem a essa estação. Os seres da hierarquia angélica que trabalham através de um signo cardinal nos ajudam a gerar o poder daquela estação em particular na nossa vida. Os seres que regem um signo fixo do zodíaco ajudam-nos a concentrar essa energia que acabou de ser gerada; e os seres da hierarquia angélica que trabalham através de um signo mutável do zodíaco nos ajudam a distribuir as energias da estação pelas áreas da nossa vida em que elas são mais necessárias.

Outono (purificação e preparação)

1. A hierarquia angélica atua através do signo de Libra, ajudando-nos a gerar mais energia para purificação e para preparação.

2. A hierarquia angélica atua através do signo de Escorpião, ajudando-nos a concentrar as suas energias de purificação e de preparação, de acordo com nossas metas e propósitos.

3. A hierarquia angélica atua através do signo de Sagitário, ajudando-nos a distribuir as energias de purificação e de preparação para áreas mais amplas da nossa vida.

Inverno (nascimento das energias femininas)

4. A hierarquia angélica atua através do signo de Capricórnio, ajudando-nos a gerar mais energia feminina.

5. A hierarquia angélica atua através do signo de Aquário, ajudando-nos a concentrar as energias femininas geradas.

6. A hierarquia angélica atua através do signo de Peixes, ajudando-nos a distribuir as energias femininas concentradas que acabamos de gerar.

Primavera (expressão das energias masculinas)

7. A hierarquia angélica atua através do signo de Áries, ajudando-nos a gerar expressões mais dinâmicas de energia masculina.

8. A hierarquia angélica atua através do signo de Touro, ajudando-nos a concentrar a energia masculina recém-gerada.

9. A hierarquia angélica atua através do signo de Gêmeos, ajudando-nos a distribuir de forma mais produtiva a energia masculina concentrada que nós geramos.

Verão (união do masculino e do feminino)

10. A hierarquia angélica atua através do signo de Câncer, ajudando-nos a desenvolver a capacidade de unir o feminino e o masculino, e a criar a oportunidade para que essa união aconteça.

11. A hierarquia angélica atua através do signo de Leão, ajudando-nos a concentrar a força resultante da união entre as energias feminina e masculina.

12. A hierarquia angélica atua através do signo de Virgem, ajudando-nos a distribuir e a expressar novas energias criadas pela união das forças masculina e feminina.

É importante entender o profundo relacionamento existente entre os signos do zodíaco e os meses em que eles são mais ativos e a sua influência sobre nós através da hierarquia angélica. Todos somos influenciados, em vários graus, por eles. Os signos do zodíaco nos quais temos muitos planetas, ou aqueles associados com o nosso nascimento, com o nosso ascendente ou com a nossa Lua terão maior influência sobre nós. Estaremos mais suscetíveis à influência da hierarquia angélica nessas ocasiões. Portanto, temos de ter consciência de como cada grupo direciona as energias para a nossa vida a fim de nos ajudar em nossa evolução e, particularmente, no desenvolvimento dos verdadeiros Mistérios de Cristo.

A HIERARQUIA ANGÉLICA DO OUTONO

Anjos de Libra

A missão desse grupo da hierarquia celeste é ajudar-nos a desenvolver a divindade latente em nós. Seu símbolo é a balança — o equilíbrio — a lição da polaridade nos Mistérios de Cristo. Eles trabalham sobre o corpo astral e sobre o corpo etérico da humanidade, supervisionando o que muitas vezes se chama *Trial Gate of Choices*. Durante esse mês, eles ajudam a humanidade a despertar sua intuição e a encontrar o equilíbrio individual. Eles trabalham com o período de provas que há nessa estação de preparação e de purificação. Eles trazem para o primeiro plano os conflitos do espírito e da personalidade. Nas pessoas que ainda não se desenvolveram, as energias são captadas e expressas por meio de uma paixão ardente e desequilibrada. Nas pessoas mais evoluídas, as energias desses anjos estimulam a capacidade de avaliar os opostos e de se equilibrar usando as expressões do amor mais elevado. Eles ajudam a pessoa a se abrir ao amor humano, passando a expressá-lo de forma mais elevada. Eles despertam em nós a busca do equilíbrio.

Anjos de Escorpião

A missão desses seres de luz é manter forte o espírito da humanidade. Eles nos instruem e nos dão assistência na transmutação de nossas energias — a tarefa mais avançada do discípulo. Essa é uma parte do estágio preparatório da iniciação. Eles ajudam aquele que estuda os Mistérios de Cristo a aprender a reorientar a individualidade com a vida e com a energia da alma. Eles dão oportunidades para demonstrarmos que estamos prontos para a iniciação. Eles oferecem oportunidades para demonstrarmos uma sensibilidade cada vez maior. Eles nos ajudam em todas as áreas da transmutação e da sublimação. É tarefa deles — como designou Cristo — unir as luzes da forma, da alma e da vida para que nos elevemos como um Sol. Durante o outono, esses anjos ajudam a revelar toda falta de unidade, todo egoísmo ou conflito relacionado com a qualidade de vida. Eles trabalham para despertar o guerreiro espiritual, de forma que uma unidade maior possa se manifestar durante o ano.

Anjos de Sagitário

No último mês do outono, a hierarquia angélica que atua através de Sagitário entra em ação. Os anjos cuidam, durante esse mês, dos preparativos finais para despertarmos as forças do feminino que surgirão durante os três meses seguintes. É tarefa deles despertar o aspirante de Cristo para uma luz direcionada e focalizada. É tarefa deles ajudar-nos a nos tornarmos um raio de luz que iluminará a grande luz à frente. Por meio dos seus esforços é que a humanidade foi elevada acima do reino animal. Eles trabalham para ensinar humanidade a Cristo, a mente. Lidar com o aspecto destreinado e materialista da mente pode tornar-se uma meta prioritária durante esse período. Esses anjos nos ajudam a desenvolver a liberdade de pensamento e a concentrar nossos pensamentos. Eles atuam em especial na eliminação dos desejos inferiores e para redespertar uma aspiração que, no final, fará nascer os poderes femininos do idealismo e da intuição. Ajudar-nos a superar nosso egocentrismo é parte da missão deles. Finalmente, por meio de sua influência, passamos a uma "abordagem experimental" dos mistérios, a uma abordagem direcionada que leva a um dos portais da iniciação. Um dos caminhos que pode se abrir ao verdadeiro estudioso dos mistérios é aquele conhecido por "Caminho do Mago e do Bem". Nesse caminho o discípulo aprende a trabalhar com a lei do suprimento e se torna um verdadeiro "semeador", em todo o seu significado esotérico — o mesmo que é encontrado nas escrituras do moderno Cristianismo.

A HIERARQUIA ANGÉLICA DO INVERNO

Anjos de Capricórnio

A hierarquia angélica de Capricórnio ajuda a inaugurar a estação do inverno. Sua tarefa é ensinar à humanidade sobre a verdadeira importância do corpo astral e sobre como moldar e formar suas energias. Eles nos ajudam a equilibrar emoções e a despertar nosso potencial interior. Estimulam dentro de nós a introspecção e a introvisão, inspirando-nos um maior comprometimento para atingir níveis mais profundos de entendimento durante a prática da meditação. Eles ajudam a começar o processo iniciático que desvenda os Mistérios Femininos. Eles também podem nos ajudar a trilhar o caminho para o "alto da montanha" e para a transfiguração da nossa alma. Eles nos despertam para a oportunidade de vencer a morte de alguma forma e, portanto, a nos abrir para os mistérios de um novo nascimento. A morte e a vida andam de mãos dadas, e essa é parte da lição dos Mistérios Femininos que são despertados nessa época do ano. Para aquele que ainda não se desenvolveu, isso tudo só terá uma importância externa, terrena. Para a pessoa que está no caminho do desenvolvimento, contudo, a profundidade das situações de vida começará a se revelar por si mesma. É função do grupo de seres que atuam com Cristo por meio desse signo ajudar a humanidade nesse processo.

Anjos de Aquário

O segundo mês do inverno é o que está mais sintonizado com o grupo de seres celestiais que atuam através do signo de Aquário. Trata-se do grupo que orientará grande parte da iniciação da "Era de Aquário", que está chegando. Eles têm grande influência sobre o corpo etérico, esforçando-se para torná-lo mais receptivo às influências mais elevadas. Eles estimulam a clarividência superior, e por isso este é um excelente período para desenvolver e exercitar esse dom. Eles ajudam os mais altos iniciados a criar a "Veste Dourada do Casamento", mencionada nas escrituras do Novo Testamento — o corpo da alma. Os que encontrarão o Cristo nos reinos etéricos devem tecer essa veste por meio do cumprimento de suas obrigações, das tarefas da vida e de suas responsabilidades. Durante este mês, esses anjos ajudam a transcender a superficialidade e o egoísmo que podem bloquear a manifestação do Feminino Divino. Sob a influência dessa energia, a pessoa menos desenvolvida procurará agradar a todos. No entanto, aquele que se dispuser a dar aos outros toda a assistência nessa época do ano se dedicará mais à alma e alcançará um maior entendimento dos mistérios das funções vitais do corpo. Durante essa época do ano, esses anjos nos ajudam a despertar a Luz Crística, que sempre brilha na escuridão, e a nos abrir para a luz que cura e alimenta.

Anjos de Peixes

O último mês do inverno é influenciado por um grupo de hierarquia angélica que atua por meio do signo de Peixes. Esses seres detêm a chave para a humanidade perfeita. Sua tarefa é ajudar àqueles que entrarem em sintonia com a luz da própria vida. Eles nos permitem enxergar o caminho que leva ao fim da escuridão em várias circunstâncias da nossa vida. É sua missão ajudar a humanidade a controlar o corpo físico, equilibrando melhor as energias masculinas e femininas. Durante este mês há um chamado para penetrar nas profundezas interiores. Esta é a hora para estimular grandes exaltações. É época de cura — física e espiritual. Eles nos ajudam a tornar um sonho egoísta numa visão dedicada ao mais alto serviço pela humanidade. Isso se reflete através dos Mistérios de Cristo. Peixes é a Era dos Mistérios de Cristo. Essa é a época em que aqueles que pertencem à hierarquia trabalham para revelar o karma da nossa vida, as oportunidades mais amplas para equilibrá-lo e para descobrir qual é o nosso destino. Eles trabalham para nos ajudar a elevar nossas energias psíquicas transformando-as em força espiritual superior, e para iniciar a tarefa de acabar com a escuridão da matéria — em nós mesmos e nos outros. Os anjos que correspondem a este signo se esforçam para promover a iniciação do Feminino àqueles que forem receptivos — ou, ao menos, para mostrar esse caminho de iniciação.

A HIERARQUIA ANGÉLICA DA PRIMAVERA

Anjos de Áries

Os seres de luz que atuam através deste signo do zodíaco emitem um "Chamado para a Grande Superação" — a conquista da personalidade pelo espírito. Eles estimulam e despertam energias de auto-sacrifício e de transmutação. Na pessoa ainda não desenvolvida ou inconsciente, a influência desses anjos parece manifestar-se apenas indiretamente nas experiências da vida. Para os que tentam evoluir, eles estimulam um esforço rumo ao desenvolvimento orientado da personalidade. No discípulo, esses seres angélicos despertam um reconhecimento do "Plano do Divino" e do seu trabalho. Eles nos ajudam a unir o autocontrole com a sabedoria. Dependendo do nosso próprio desenvolvimento, podemos sentir essa energia por meio da reação dos instintos, um desejo mais forte, ou uma vontade mais firme. Eles nos ajudam na busca pela Luz, que pode ser mais bem usada para expressar o divino dentro de nós.

A Hierarquia Angélica de Touro

Este grupo de anjos tem um propósito dinâmico na manifestação das energias de Cristo durante a primavera. Em tempos remotos, costumava-se celebrar festivais para comemorar a abundância no mês de maio. Essa é uma época em que a hierarquia angélica atua sobre a pessoa que estiver em sintonia com ela, proporcionando-lhe oportunidades de mudar e expressar de forma nova seus desejos e suas capacidades. Eles ajudam a superar o desejo egoísta e a despertar a aspiração superior — oferecendo oportunidades para seguir essas aspirações. Eles despertam a luz e o amor na Terra, e todas as manifestações de vida sobre o planeta. É missão desses anjos ajudar-nos a aprender a controlar as manifestações da nossa luz interior. Eles nos ajudam a desenvolver o discernimento e a diminuir nosso fascínio pelas circunstâncias da vida. À medida que isso é feito, conseguimos penetrar em esferas superiores de iluminação. Os anjos ajudam os seres humanos interessados em se sintonizar melhor com todas as formas de vida — animal, vegetal ou mineral.

Anjos de Gêmeos

Quando a primavera chega ao seu último mês, os anjos do signo de Gêmeos começam a agir sobre a Terra. Sua tarefa é despertar o aspecto da polaridade do Cristianismo. Isso se reflete no seu glifo (II). Eles trabalham para tornar mais profunda a união entre a alma e a sua forma física. Trabalham para despertar um controle da polaridade — a equalização do masculino e do feminino — para que possam ser unidas a fim de criar uma vida nova. Antes que possam se unir — como se reflete no signo de Câncer (duas espirais se movendo juntas) —, as polaridades primeiro precisam ser definidas e equilibradas na equanimidade (simbolizada pelo glifo de Gêmeos). O trabalho dos anjos que ocorre neste período provê a força necessária para a mudança de consciência com relação a todas as áreas da vida. Esses seres se esforçam para revelar a luz que existe no espírito e no corpo físico. Os que entrarem em sintonia com eles, por meio dos rituais de Cristo, passarão por um estágio evolutivo que irá do serviço em benefício próprio ao serviço em benefício de outros, e se estenderá para o serviço à "Luz única que está além de todas as Luzes". Esses anjos ajudam a ter mais discernimento na arte de se relacionar nos níveis físico e espiritual.

A HIERARQUIA ANGÉLICA DO VERÃO

Anjos de Câncer

O verão começa quando o Sol entra no signo de Câncer. Esse é o ponto máximo do Ano da Alma. É tempo do Casamento Místico, tempo

le iniciar o processo da fusão do masculino com o feminino — para fer-
ilizar o ovo que dará origem à nova vida. O mistério das energias sexuais
— aplicadas tanto física quanto espiritualmente — está nas mãos desse
grupo de seres celestiais. Eles são os guardiães dos "lugares sagrados" do
planeta. Eles guardam o Santo dos Santos, os Túmulos e Pontos de Mistério. Eles ensinam a humanidade a usar, em vez de abusar do seu maior
tesouro — a água sagrada e a semente sagrada da vida. Eles trabalham
para nos ajudar a desenvolver o intelecto até alcançar uma intuição mais
aguçada. Eles trabalham para o desenvolvimento da pureza e da castidade
em modos esotéricos que permitam a mais alta transmutação do fogo e da
água da vida. Eles procuram revelar, a quem é receptivo, a luz que está
dentro de toda matéria — uma luz que está sempre pronta para brilhar.

Anjos de Leão

Quando o Sol de verão se move para o signo de Leão, os que pertencem
a sua hierarquia angélica tornam-se mais ativos. É tarefa deles despertar
na humanidade a energia vital. É tarefa deles viver o preceito de Cristo:
"Amarás o senhor teu Deus de todo coração, com toda tua mente e com
toda a tua alma, e ao teu próximo como a ti mesmo." Eles ajudam a humanidade a aprender a usar o poder do amor que acabou de surgir da união
entre o masculino e o feminino. Eles nos ajudam a perceber que tudo está
interligado e que somos todos parte da mesma família. Eles estimulam
uma expressão maior da individualidade durante este mês, e um desejo
maior de iluminar e de liderar. É tarefa desses anjos ajudar a humanidade
a alcançar o autoconhecimento e o autodomínio através do equilíbrio das
forças masculinas e femininas. Os que forem receptivos à influência deles
se tornarão mais capazes de refletir o divino na vida dos outros. Eles apren-
derão a superar o eu inferior e a expressar o Eu Superior, para descobrir
o que está oculto e revelá-lo a todos.

Anjos de Virgem

O último grupo da hierarquia angélica, que atua através da ação das
energias de Cristo no verão, é o grupo de anjos associados ao signo de
Virgem. É tarefa desses anjos despertar ainda mais a centelha da consciência de Cristo, para que o Ano da Alma possa começar no mês seguinte, na

sua expressão mais elevada. Esses anjos nos revelam o verdadeiro significado e propósito da sabedoria — Sofia. Eles abrem as portas da iniciação por meio do serviço e do sacrifício. Eles despertam em nós a capacidade de captar a essência da nossa experiência, para que ela possa transformar-se na verdadeira sabedoria da alma. Eles nos ajudam na 'sintetização' do Feminino Divino e proporcionam oportunidades de mudança e incentivos rumo ao discipulado. Eles nos ajudam a fundir a luz de Deus com a Luz da Forma. Nas pessoas não desenvolvidas, ou na pessoa inconsciente, a força simplesmente germina, mas à medida que ela se torna mais evoluída e trabalha rumo ao desenvolvimento, a força do Feminino Divino que germinou no seu aspecto "Mãe" torna-se criativa e a Luz de Cristo se revela.

A RECEPTIVIDADE À HIERARQUIA ANGÉLICA

Como nos tornamos mais receptivos à influência dessa hierarquia à medida que ela atua em nossa vida? Isso não é tão difícil quanto parece. No entanto, como todos os mestres advertem: É importante estar "sempre atento". Preste atenção a tudo. Lembre-se de que o significado de tudo está "oculto" e tem de ser buscado.

A entrada de seres celestiais na nossa vida está mais fácil agora do que em outras épocas devido à encarnação do Cristo, mas ainda há muito a ser buscado. As meditações e os rituais apresentados nos próximos capítulos não só explicam os Mistérios de Cristo mais detalhadamente, quando refletidos nas mudanças de estação, mas também nos ajudam a sintonizar essas energias Crísticas e aquelas da hierarquia angélica que ajudam o Cristo.

Reserve um tempo todo mês para refletir sobre a estação e sobre o signo do zodíaco, junto com o grupo de seres celestiais correspondente. Reflita sobre as funções desses anjos durante o mês em questão. Essa reflexão traz muitos benefícios se for feita no início do mês, quando o Sol entra no novo signo, no final do mês, quando você pode olhar para trás e analisar os fatos ocorridos durante esse período, estabelecendo as relações que existem entre eles. Lembre-se de que esses anjos agem sobre a humanidade seguindo um padrão que todos podem reconhecer, mas também se comportam de um modo específico para você, na medida em que você tem o seu próprio sistema de energia.

Medite sobre os Apóstolos que correspondem ao signo zodiacal de cada mês, quando o Sol entrar em cada um desses signos, descritos na primeira parte deste livro. Essa meditação amplia a consciência e a percepção dos Mistérios de Cristo, à medida que eles são revelados na sua vida.

Crie uma meditação que envolva a Bem-aventurada Mãe Maria — a Rainha dos Anjos. Leia a escritura que fale, em nível esotérico, da sua posição nos Mistérios de Cristo e com relação aos reinos angélicos (veja abaixo). Lembre-se de todas as vezes que os Mistérios de Cristo deveriam ser vistos como uma Escola de Mistérios. Muitos ensinamentos de outras sociedades estão ocultas nas escrituras e em outros textos. Esses ensinamentos delinearam o caminho da iniciação e da iluminação, revelaram os meios para despertar o Feminino Divino e a sua expressão mais dinâmica em todos os aspectos da nossa vida. Visualize, imagine, veja, sinta e experimente você mesmo com a força arquetípica dos Mistérios de Cristo, na medida em que atua sobre a evolução da Terra e ao longo da mesma.

"E viu-se um grande sinal no céu; uma mulher vestida de Sol, tendo a Lua sob os pés e sobre a cabeça uma coroa de doze estrelas."

Apocalipse 12:1

Capítulo Sete

O RITUAL DO EQUINÓCIO
DE OUTONO

"Com o início do outono, surge o espírito da 'força da beleza', o momento em que a Natureza esconde a sua beleza, levando o adversário a se esconder também. Com esses pensamentos e sentimentos, os homens da Antigüidade mantiveram a Festa do Arcanjo Miguel em seus corações."

Rudolph Steiner

O equinócio de outono abre o ciclo do Ano da Alma para aquele que deseja entrar em sintonia com os verdadeiros Mistérios do Cristo. A natureza da energia irradiada sobre o planeta varia conforme a estação. Cada uma dessas energias provoca mudanças sutis e oportunidades para as pessoas conscientes. É como plantar uma semente que germinará durante as estações e meses seguintes: ela criará raízes, brotará e, em seguida, será colhida.

A energia do equinócio de outono é sentida semanas antes de o outono começar. Quando o Sol entra no signo de Virgem, é hora da Imaculada

Conceição. A Terra e cada ser humano sobre ela se preparam para um novo ciclo de crescimento. Quando o Sol se aproxima de Libra, a energia de Cristo começa a afetar toda a superfície da Terra. As energias das plantas, por exemplo, se recolhem; as energias se voltam para o coração, a sede do Feminino Divino. A força de Cristo, agora uma parte permanente da estrutura energética da Terra, começa a se retrair para dentro de nós, para que um novo nascimento possa acontecer durante o solstício do inverno. Então, no decurso do restante do ano, esse nascimento será levado a uma maior expressão.

A força do Cristo se ativa, criando oportunidades para a transição. Suas energias nos concede um tempo para determinarmos novos valores e tomarmos novas decisões. É tempo de colher o que se plantou; é tempo de purificar a mente e começar o processo da transmutação do que precisa ser transmutado. É o Arcanjo Miguel quem ajuda a energia Crística na transmutação e nas provas que podem ocorrer nesta estação.

Esta é uma época do ano em que as energias disponíveis podem nos ajudar nos seguintes aspectos:

1. Purificar e transmutar o inferior.
2. Superar obstáculos.
3. Abrir os templos interiores da percepção.
4. Purificar a força vital básica do centro do sacro.
5. Limpar e purificar o chakra do coração, sede de muito karma.
6. Entrar em sintonia com o reino angélico.
7. Determinar o que ainda tem de ser transmutado para um maior crescimento no ano seguinte.
8. Atrair mais facilmente nossa atenção dos mundos exteriores para os interiores.
9. Estabelecer harmonia entre as leis do amor e do karma.
10. Passar nos novos testes da alma, necessários para se conquistar uma iluminação mais elevada.
11. Equilibrar carne e espírito.
12. Iniciar um período de avaliação, de análise, determinando valores e tomando decisões com relação à nossa vida física e espiritual.
13. Despertar a prova do julgamento.
14. Criar oportunidades para colher as recompensas da semeadura passada e lançar sementes para o futuro.

15. Iniciar o combate entre o inferior e o superior, entre o caminho direito ou esquerdo do desenvolvimento.

Por tudo isso, o dia do equinócio de outubro, e os três dias que o precedem, são os mais importantes da estação. No entanto, cada dia do outono é uma oportunidade para fazer uma preparação sagrada.

Por trás dos fenômenos físicos estão arquétipos espirituais específicos; por isso, em épocas mais remotas as ciências físicas eram sagradas. A antiga sabedoria da Gnose e de Sofia compreendia a religião, a ciência, a arte e, especialmente, a astronomia. O movimento das estrelas e as mudanças de estação refletem interações específicas de energia entre o plano divino e o físico.

Cada mês é uma duplicata em miniatura do que ocorre no decurso de um ano. As quatro fases da Lua refletem as quatro estações — um lembrete contínuo para manter vivo o caráter sagrado das estações.

O mundo ocidental tomou conhecimento dos mistérios do Egito por meio da Grécia e dos mestres (Orfeu, Pitágoras, Platão, Aristóteles, etc.). Os gregos sabiam que a humanidade era fortemente afetada por duas estrelas. Essas estrelas são mais visíveis durante as mudanças de estação. A primeira, Sírius, é mais ativa na época dos solstícios, e a segunda, Alcíone, é mais ativa e visível na época dos equinócios.

A estrutura atômica de todas as formas de vida muda sua freqüência vibracional a cada mudança de estação. Essa mudança cria oportunidades para o crescimento, para a expressão e para a transição na vida de cada pessoa. A comunicação com outros seres e dimensões ocorre de forma mais ampla e com mais facilidade. Conhecer as energias que atuam em cada estação é o primeiro passo para aprender a controlá-las, intensificando seus efeitos.

Os antigos egípcios atribuíam ao equinócio de outono a origem do mal. Isso, é claro, é simbólico. Num sentido mais amplo, o equinócio pode ser o comparado à crucificação do Cristo Cósmico (não confundir com o Cristo Jesus histórico). É o tempo em que a força de Cristo, como o grande Arcanjo Solar, se aproxima da Terra para tocar a humanidade de uma maneira mais palpável. É a época de sacrificar o *status* cósmico para tornar-se um Logos inerente da Terra; sua força alcança o nível mais profundo no solstício de inverno — quando toca o coração da própria Terra. Ao

150

longo do resto do ano começa o processo de ressurreição da vida de Cristo em todas as criaturas.

O outono é uma época de transição, uma época que oferece oportunidades de mudança, de purificação e de transmutação das condições da nossa vida. Cada estudioso dos Mistérios de Cristo tem de estudar os festivais sagrados da estação a partir do próprio ponto de evolução. Em tempos mais remotos, o outono era uma época em que se fazia uma séria retrospectiva. Era a época ideal para avaliar as experiências do ano anterior e para fazer todas as mudanças que fossem necessárias. Era o tempo de plantar novas sementes para o ano vindouro.

Para quem está começando a sintonizar as forças disponíveis no momento, o outono serve de catalisador, de forma que a alma de consciência inferior passa, durante a estação, por um tempo de prova. Para os que estão harmonizados com a força do outono, no entanto, ela traz oportunidade de preparação, de desenvolvimento do julgamento e oportunidades de renúncia. Para alguns, pode trazer a "prova de Abraão": a disposição para desistir daquilo que lhe é mais sagrado.

Durante toda esta estação, é importante ter em mente que, concluídos os testes, sempre há uma recompensa espiritual. Sempre há assistência especial e orientação espiritual durante esta época. Em primeiro lugar, há a hierarquia dos anjos atuando através dos signos do zodíaco. Mas ainda mais útil é a ajuda do regente desta estação, o Arcanjo Miguel. Ele dá proteção e equilíbrio para os que querem se harmonizar com os Mistérios de Cristo por meio do ciclo anual da alma.

A FESTA DE SÃO MIGUEL

A vinda do Cristo serviu, em parte, para dar maior impulso às estações sagradas, de forma que, ao longo dos ciclos anuais, a humanidade pudesse sentir o impulso de Cristo em maior grau. Cristo dotou as estações de uma energia ainda maior e colocou seus efeitos ao alcance de todos. No Cristianismo ortodoxo, a Festa de São Miguel ocorre na época do equinócio de outono. Como veremos, isso é muito apropriado, pois precisamos de alguém com muita força para nos ajudar no equilíbrio e na transmutação da nossa vida.

Miguel está profundamente relacionado com o impulso Crístico sobre a Terra. Conforme a tradição esotérica, foi Miguel quem amparou Jesus no Getsêmani, ajudando-o na transmutação das correntes de ódio e de desespero da Terra em "correntes de amor e de cura". O trabalho de Miguel sempre foi em prol da pureza e da transmutação; no entanto, se o impulso de Cristo não fosse plantado sobre a Terra, a influência de Miguel se limitaria principalmente a Jesus. Agora, a iniciação está à disposição de todos, e Miguel é o Companheiro-Iniciado de todo aluno dos Mistérios. Os Mistérios do Santo Graal são os Mistérios da Alquimia, da Transmutação. A Tradição fala sobre como Miguel supervisionou o aprendizado e o treinamento de Artur e dos cavaleiros da Távola Redonda, na Inglaterra para perpetuar esses Mistérios.

Miguel muitas vezes recebeu o título de "Matador de Dragões". Esse

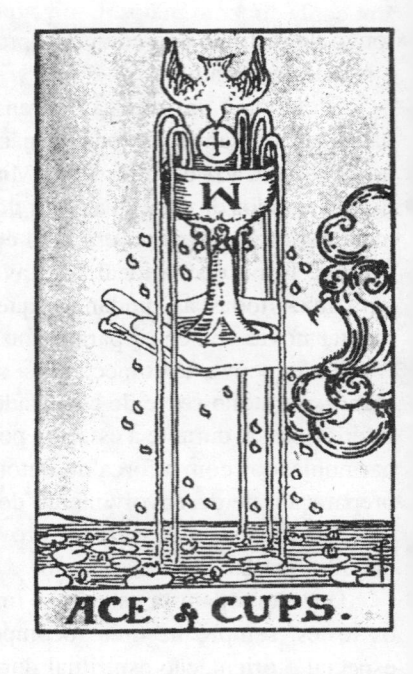

O Santo Graal é a inspiração para esta carta do Tarô, o Ás de Taças do baralho Waite.

título tem grande significado no que se refere ao processo de "Encontrar os Habitantes do Limiar", já analisado neste livro. Temos de nos lembrar, porém, que Miguel não matou o dragão. Ele empurrou o dragão para as profundezas do inferno. Os dragões não devem ser mortos, mas controlados e transmutados.

Esse grande ser de luz tem uma longa tradição ocultista no que diz respeito à sua influência na evolução da humanidade. Ele faz parte de quase todas as escrituras da sociedade e do conhecimento esotérico. Ele é conhecido como o Príncipe do Esplendor e da Sabedoria. Ele é o grande protetor. As lendas nos contam que nos dias que virão ele assumirá a responsabilidade do Cristo, dando a todos o dom da paciência.

Miguel trabalha com outros anjos das hierarquias angélicas na transmissão da consciência divina para a mente da humanidade por meio de um conhecimento maior. Um grupo de seres da hierarquia angélica, operando através do planeta Mercúrio, o ajudarão a iniciar os humanos mais evoluídos nas verdades superiores. Esse conhecimento será necessário para a liderança espiritual na era que virá. Esses anjos nos ensinam sobre o autocontrole e sobre como sair e entrar no corpo físico conforme a nossa vontade.

Os egípcios e os gregos antigos consideravam Mercúrio o "capitão dos planetas". Trata-se de um planeta que, no prazo de um ano, visita todos os signos do zodíaco em sua órbita ao redor do Sol. Mercúrio é um símbolo da razão iluminada — que Miguel vem estimular a cada outono.

Em parte da literatura esotérica, Miguel é associado ao planeta Saturno. Saturno é a Grande Mãe, a Grande Mestra. Uma tradição diz que Saturno está onde se reúne a Hierarquia Espiritual deste sistema solar, e que Miguel é quem rege Saturno. Nas diversas tradições e folclores, ele é conhecido por diferentes nomes, exercendo uma variedade de funções no interesse da humanidade.

1. Líder angélico do Raio do Poder.
2. Guardião do ponto cardeal sul da Terra e do elemento fogo.
3. Guardião e Portador da Espada Flamejante.
4. Os caldeus o adoravam como se fossem um deus:
   "Quem é como Deus"?
5. Chefe dos arcanjos, só sobrepujado por Cristo.
6. Príncipe da Presença.
7. Chefe das Virtudes.
8. Anjo do arrependimento, da honestidade, da misericórdia e da santificação.
9. Guardião de Jacó.
10. Fundador das Escolas de Mistérios nos tempos da Atlântida.
11. Vencedor de Satã.
12. Autor do Salmo 85.
13. Foi quem segurou a mão de Abraão na hora de sua grande prova.
14. Patrono e protetor da Igreja Universal.
15. A Ordem de Miguel/A Fraternidade de Miguel guarda as galáxias de forças menores da luz, exceto onde for necessário treinar ou testar uma alma.

16. Na Igreja Oriental de Constantinopla, ele era mais um curador do que um protetor.

17. Era Miguel que falava com Joana D'Arc.

18. Os querubins foram formados das lágrimas que ele derramou diante dos pecados da humanidade.

19. Nos Manuscritos do Mar Morto, ele é chamado de Príncipe da Luz na batalha entre os Filhos da Luz e os Filhos das Trevas.

20. A Tradição diz que foi Miguel quem deu ao homem seu primeiro nome — Adão.

21. Ele foi conhecido como Marduk da Babilônia, o que matou Tiamut, Apolo, o que matou Pito e São Jorge, o que matou o dragão.

22. Para os antigos hebreus ele era conhecido como "a face de Jeová".

23. Ele foi guardião na época de Lao Tsé, de Confúcio, de Buda, de Zoroastro, de Pitágoras, de Ezequiel e de Daniel.

24. Ele comanda os poderes de transformação de imagens que não podem ser criadas nem destruídas sem a sua ajuda.

25. Ele foi um dos quatro arcanjos que manteve a guarda de honra ao redor da manjedoura no nascimento de Jesus.

O estudioso dos Mistérios de Cristo faria bem em passar algum tempo meditando sobre Miguel e sobre seu trabalho, particularmente sobre as imagens da Espada Flamejante e do dragão repelido. O dragão é o eu inferior, os elementos não transmutados da alma, e Miguel ajuda a transmutá-los. Aqueles que estão sintonizados com o pleno poder e com o significado dessa estação, Miguel ajuda na grande superação. Ele atua na sua vida assistindo-o na purificação de forma que ocorre uma maior iluminação do intelecto. Miguel nos ajuda a criar oportunidades de transmutar os dragões da nossa vida!

O RITUAL DO EQUINÓCIO DE OUTONO

Se você praticar este exercício no dia do equinócio de outono e nos três dias que o antecedem, ele liberará energias na sua vida, energias que manifestarão oportunidades de purificação e de preparação. Durante esses quatro dias, o véu entre o plano físico e o plano espiritual é muito tênue, e é mais fácil entrar em contato com as energias Crísticas e despertar os

Mistérios pelo restante da estação. Você também pode repeti-lo quando o Sol se mover para os outros signos associados com a estação do outono (Escorpião e Sagitário).

Se esta meditação provocar mudanças em demasia e muito radicais na sua vida, você pode atenuá-las concentrando-se em Miguel durante a meditação. Procure mentalizar a imagem de Miguel dando a você a Espada Flamejante da Lei Espiritual e do Discernimento. Essa imagem invocará mais auxílio, força e equilíbrio. Tenha em mente que quanto mais nos purificarmos e nos prepararmos durante o outono, mais poderemos realizar durante o resto do ano.

Esta meditação também nos trará mais chance de mudanças e oportunidade de plantar novas sementes. Antes de se dedicar a ela, assegure-se de que quer realmente estimular essas mudanças na sua vida. Há um velho provérbio que diz: "Cuidado com o que pedir, pois é isso que receberá." Este exercício é um pedido e uma invocação para que a energia dos Mistérios de Cristo atuem mais intensamente na sua vida.

Ele é mais eficaz quando praticado no "Intervalo Sagrado", um período de intersecção — ocaso ou aurora, antes de dormir ou logo depois de levantar durante esses quatro dias. No dia do equinócio de outono, você poderá executá-lo na hora mais exata possível do equinócio: quanto mais exata, melhor. Se não puder fazê-lo nessa hora, ao menos reserve um horário para praticá-lo em cada um desses quatro dias.

Quatro é o número e o ritmo de um novo alicerce. Esse é o alicerce de uma nova energia que você está invocando para a sua vida. Você a usará no ano vindouro para despertar e expressar maiores potenciais e mais criatividade. Sinta-se à vontade para fazer modificações nesse exercício de meditação, de forma que se ajuste melhor a você. Cada um de nós tem de abordar as energias das estações e seus Mistérios de um ponto de vista pessoal e de acordo com seu nível de evolução.

Preparativos

Certifique-se de que não será interrompido.

Se optar por meditar à luz de velas, use velas nas cores do outono — marrom, verde, avermelhado.

Espigas e cascas de milho (como muitas vezes são encontradas na decoração do dia das bruxas) acrescentam energia e simbolismo à meditação.

Esta meditação pode ser muito eficaz se for feita ao ar livre na hora do crepúsculo.

As imagens são um poderoso instrumento para invocar as energias arquetípicas dos Mistérios de Cristo, à medida que se manifestam ao longo do outono. Relaxe e sinta que você está subindo lenta e suavemente rumo aos céus. As estrelas brilhantes enchem a noite de centelhas diamantinas. Ao longe, está uma estrela que se destaca das demais. Ela cintila com tal brilho que ofusca as demais e derrama torrentes de luz sobre a Terra.

Meditação

À medida que flutua suavemente pelos céus, seus olhos acompanham o caminho da luz dessa grande estrela, que segue até a Terra. No alto de uma elevada montanha, com vista para a Terra, há um templo. A luz da estrela delineia as quatro colunas que separam o interior do templo do exterior. Da altura em que você está, ele parece ter a forma de uma cruz, com cada coluna representando um dos quatro pontos cardeais.

Você começa a sentir que está descendo suavemente, até pousar sobre a grama macia que cerca esse grande templo. Você está diante das suas portas. O pórtico é adornado com uma grande espada flamejante. Ao entrar pela porta, a espada começa a brilhar ainda mais e um som enche o ar noturno, fazendo a terra e você tremerem.

Você dá um passo para trás e, nesse momento, a terra em cada lado da porta se abre e brotam duas árvores imensas. Seu tronco e seus galhos se estendem em todas as direções, enrodilhando-se e curvando-se, até que a porta do templo mal pode ser vista e se torna praticamente intransponível. As árvores crescem para todos os lados, sem uma forma definida. Elas se entrelaçam, se juntam, formando nós, impedindo um crescimento maior. Elas cresceram selvagemente e uma está começando a impedir o crescimento da outra.

O ruído diminui e volta o silêncio. Você está diante da porta bloqueada do templo, inseguro quanto ao que fazer. Do meio do silêncio vem a resposta. Uma luz suave começa a se formar entre você e as árvores. A luz, de um tom rosa delicado, se transforma numa gigantesca coluna de luz que se estende da terra até o céu. Uma lufada de vento passa por você, a luz vai ficando mais fraca, vai diminuindo e lá está, diante de você, um belo ser de grande força e luminosidade.

Seu olhar é penetrante como o aço. Vestido em trajes da cor das folhas de outono — em tons avermelhados — ele prende a sua atenção. Em sua mão está uma espada que é mais luz do que matéria. Envolvido pela energia da essência desse ser, você não tem outra saída senão sentir a sua força. Você admira como ele é capaz de controlar essa força. Ele sorri, como se estivesse lendo os seus pensamentos.

Ele faz um gesto com a mão e aos pés dele se abre um grande buraco na terra. Através desse buraco, você pode ver as profundezas da terra e mais além. Bem lá no fundo há um poderoso e magnífico dragão vermelho e dourado. A cada sopro, ele exala luz e energia de força primitiva, em direção a toda a vida que existe na Terra.

Miguel ergue a Espada Flamejante acima dessa energia primitiva e ela se levanta, se suaviza e o cerca. Ela passa por ele, abençoando a todos com sua força e amor.

"Todos nós temos de enfrentar os nossos dragões. Cada um de nós tem de enfrentar aquilo de que tem mais medo. Quando aprendemos a transmutar nossos dragões, deixamos que a luz e o amor nasçam dentro de nós. Quando aprendemos a brandir, em cada aspecto da nossa vida, a Espada Flamejante da Lei Espiritual e do Discernimento, controlamos os dragões em vez de sermos controlados por eles."

Ele agita sua mão outra vez sobre seus pés, e a imagem desaparece. Você olha para ele, captando a força de suas palavras gentis. Ele dá um passo em direção às portas do templo.

"Diante de todos estão as árvores da Vida e do Conhecimento. Antes que alguém entre no templo interior, as árvores têm de ser podadas e aparadas. Assim como o arbusto é podado no outono para que cresça mais verde e fértil na primavera, a vida de vocês também tem de ser desbastada. Olhe para essas árvores e veja nesse emaranhado confuso o que tem de ser podado e extirpado da sua vida para que ela seja mais frutífera."

Você olha para as árvores de ramos entrelaçados e emaranhados. Vê as pessoas e as situações, os hábitos, comportamentos e atitudes, e reconhece o que está bloqueando o seu crescimento. Ao olhar para as duas árvores, você vê tudo o que precisa fazer para desembaraçar a sua vida. Você vê a si mesmo podando e desemaranhando a árvore, um galho por vez. A tarefa parece enorme — quase impossível.

"Nunca somos confrontados com mais do que podemos lidar."

Essas palavras gentis tiram você do devaneio, enchendo-o de coragem.

"Agora, olhe outra vez."

Você torna a olhar para as árvores. Elas não estão mais entrelaçadas nem cheias de nós. Então eretas, cheias de folhas verdes. Suas flores anunciam os frutos que virão no futuro. As portas para o Templo Interior não estão mais obstruídas. Lentamente, elas começam a se abrir, enquanto uma luz dourada e um coro de canções envolve você.

Lá dentro, você vê um altar sobre o qual está uma cruz de braços iguais. No centro da cruz há uma grande rosa branca. Uma luz brilha do alto, fazendo você lembrar da estrela cujo raio de luz o transportou a este templo. Diante do altar está um magnífico ser feito de raios de luz azuis e dourados. Ele se volta para você silenciosamente, consciente da sua presença. Lentamente, ele ergue um Cálice Dourado — o Graal da Vida — para os céus, numa prece silenciosa.

A porta se fecha devagar, deixando você unicamente com a alegria da lembrança que se gravou no seu coração. Miguel está diante de você; seu olhar é terno e amoroso.

"Com energia, todos nós temos de nos preparar para podermos entrar nos templos interiores dos mistérios do Divino. Houve uma época em que cada pessoa tinha de fazer isso por si, a sós, mas esse tempo se foi. Hoje há muitas fontes que ensinam e dão orientações àqueles que apenas querem abrir seu coração."

Miguel ergue a espada flamejante e, suavemente, toca o seu peito com a ponta. Ele fecha os olhos e diz uma palavra estranha, embora familiar. Você sente o coração queimar com a luz da Espada Flamejante. Você olha para o peito e vê dentro dele o seu coração concentrar a própria Espada Flamejante da Verdade.

"Quando você tocar o coração e imaginar a Espada Flamejante dentro dele, eu virei. Pois, à medida que você desperta para o Cristo interior e aprende a expressá-lo, você se torna um Filho ou uma Filha da Espada Flamejante."

A espada de Miguel fica mais radiante, envolvendo você com sua luz para em seguida esmaecer. Nesse momento, você se vê sozinho do lado de fora do Templo; contudo, ainda sente o calor da Espada Flamejante vivo dentro do seu coração. Você olha para o céu e vê aquela estrela que o levou para esse momento. Quando olha para ela, você se sente flutuar mais uma vez, suavemente, para o céu. E leva consigo a sua experiência, a lembrança e a energia da invocação da purificação e da preparação que o leva aos Mistérios do Templo Interior.

Capítulo Oito

O RITUAL DO SOLSTÍCIO DE INVERNO

"O Festival de Natal é o Festival da Noite Sagrada, celebrado nos mistérios pelas pessoas que estavam prontas para o despertar do seu Eu Superior, ou, como diríamos em nossa época, por aqueles que fizeram o Cristo nascer dentro deles."

Rudolph Steiner

O solstício de inverno está ligado aos sentimentos de vida da humanidade. Quando é corretamente entendido, ele aprofunda o sentimento de vida que existe em cada um de nós, fazendo-o transbordar de energias astrais. O solstício de inverno é uma época que pode trazer grande paz para a alma. Nos Mistérios de Cristo é uma época em que energias que afetam a humanidade são perfeitas para o despertar do Divino Feminino interior. Os sete Mistérios Femininos do Cristianismo oculto estão associados à estação do inverno (veja pp. 91-92).

Essa é a estação mais relacionada com o Cristianismo moderno; no entanto, seu significado foi celebrado de várias formas no mundo inteiro. No solstício, o Sol se volta para o norte. No hemisfério norte, ele marca o dia mais curto do ano. Depois desse dia, o Sol passa a brilhar cada vez mais tempo a cada dia, durante todo o inverno. No Egito e na Ásia, o solstício de inverno era uma época de celebração, um festival ligado à vitória do Sol sobre as trevas — uma época em que a luz triunfava sobre a escuridão na Terra. É a luz do potencial interior — o Feminino Divino. O Hanukkah, o Festival Judeu das Luzes, e o Natal, que celebra o nascimento de Jesus, são duas festas modernas que correspondem a antigas celebrações ligadas a essa época. Muitos ainda apreciam a iluminação da árvore de Natal nessa época do ano. Esse é o antigo ritual do renascimento do Divino dentro dos fogos da Deusa Mãe.

Todas as formas de vida são tocadas pelas energias que atuam dentro e sobre a Terra nessa época do ano. O plano astral é sintonizado com o plano físico, facilitando a nossa comunhão com as hierarquias angélicas e permitindo que sua ajuda chegue mais prontamente até nós. O coração purificado e preparado durante o outono, agora pode dar uma nova expressão às energias que germinarão e se desenvolverão durante o resto do ano. As energias de Cristo ampliam esse jogo dinâmico de energias causando um aceleramento no nível atômico de toda a humanidade. São poucas as pessoas que deixam de ser influenciadas pelas energias desta época do ano. Todos têm a capacidade e a oportunidade de sintonizar essa energia mais intensamente, ativando assim os potenciais e energias femininas interiores.

No solstício de inverno, a Luz Interior é acesa a despeito da escuridão exterior. É hora de fazer nascer e despertar o Eu Superior. Se celebrado de forma adequada, o impulso Crístico renasce nas pessoas, iluminando-as e fortalecendo o princípio do amor na humanidade.

As almas compassivas costumam entrar no plano terrestre nesta época do ano para servir como guias da humanidade. A alma altamente evoluída do homem a quem chamamos Jesus foi um desses seres — um ser que tinha um propósito ainda mais elevado. A Estrela de Cristo pairou sobre a Terra na época do nascimento de Jesus, pois que seria o meio para a encarnação terrena de Cristo.

Esta é a melhor época do ano para aprender sobre o antigo significado da "Festa da Luz Interior". É hora de consagração e de renunciar ao falso. É uma época propícia para nos afastar de atividades externas — o que é mostrado nas histórias do nascimento de Jesus narradas nas escrituras. É a ocasião mais adequada para nos interiorizar e para sintonizar os ritmos místicos ativados pelo solstício de inverno. Infelizmente, na sociedade, as pessoas se habituaram a participar de inúmeras reuniões e celebrações mundanas. Isso é contrário à energia e aos ritmos dessa estação:

1. As energias que atuam sobre a humanidade estimulam uma maior introspecção e facilitam estados meditativos de consciência, aos quais deveríamos nos dedicar nesta época.
2. Nesta época do ano as energias nos afetam dando-nos a chance de despertar as sementes de potenciais interiores que mais desejamos desenvolver.
3. É tempo de refletir sobre o milagre da união do céu e da Terra que se casam nas trevas para dar nascimento a uma nova vida.
4. Trata-se de um tempo em que todas as pessoas têm de acender a luz que brilha eternamente nas trevas.

Durante esta época do ano, toda a hierarquia angélica se aproxima da Terra e derrama sobre ela sua força espiritual. Orientada por Gabriel — o arcanjo da ternura, da misericórdia e do amor — essa força facilita a expansão da consciência além dos limites do mundo físico para aqueles que aprendem a entrar em sintonia com ela. Esta é a nossa oportunidade de desenvolver a força do amor na nossa vida.

Todas as almas que encarnarão no ano seguinte aproximam-se da Terra nesta época para receber também as bênçãos dos anjos e de Cristo. Cada uma dessas almas aproxima-se da sua futura mãe, que sentirá sua presença caso esteja sintonizada com esta estação. Nesta época do ano, todas as pessoas são envolvidas em fluxo de amor, e os que estiverem abertos a essa influência e a esses ritmos, podem sentir o Chamado da Grande Estrela.

Para os que estudam os Mistérios de Cristo, essas energias abrirão as portas que os separam da Hierarquia Angélica. Esta é a hora da iluminação e de começar a abrasar o Corpo Estelar da Alma. Para os que consagraram a mente e o coração, dezembro deve ser um mês alegre, um mês sintonizado com a bem-aventurança angélica:

1. É tempo de se dedicar. Se os estágios preparatórios forem concluídos durante o outono, o solstício de inverno iniciará um período em que

a pessoa começará a usufruir da sua nova vida. É o início do nascimento do divino dentro de cada pessoa. A renúncia do outono trará suas recompensas no inverno.

2. A pessoa começará a compreender que é uma verdadeira filha de Deus e que nunca mais deixará de receber orientação interior.

3. É um período em que o espírito pode começar a ter domínio sobre o físico.

4. Este tempo pode levar à verdadeira Iniciação e à visão da Estrela de Cristo brilhando dentro do coração da Terra.

5. Dezembro nos traz uma nova clarividência, que permitirá que enxerguemos o que ainda temos de fazer para nos tornarmos um verdadeiro Iniciado de Cristo.

6. O plano etérico, e todas suas energias, pode se tornar mais palpável.

7. A concentração no foco do discipulado torna-se mais viva.

8. Os seres angélicos ficam mais acessíveis, tornando mais fácil aprender com eles.

9. É possível compreender melhor o significado oculto do batismo de Cristo por João.

10. Nós nos abrimos à visão espiritual que permite que analisemos todas as nossas experiências terrenas com mais profundidade.

11. Podemos ter uma visão mais ampla de toda humanidade, do que ela ainda terá de enfrentar no futuro e de como podemos viver nossa vida de acordo com esses acontecimentos.

12. Podemos nos abrir à Imaginação Crística e, então, dar nascimento à luz em todos os aspectos das trevas!

O SIGNIFICADO OCULTO DO NATAL

O tempo do Natal é preparado no Cristianismo ortodoxo quatro semanas antes do solstício do inverno. Esse período é conhecido como Advento. Em muitas das tradições de Mistério, as quatro últimas semanas do outono — antes do solstício do inverno — era uma época de grande purificação e de preparação. Nesse período, concluía-se a purificação para depois dar nascimento ao Feminino Divino. Já analisamos neste livro os sete Mistérios Femininos do Cristianismo. Três deles são associados aos últimos preparativos para a energia do solstício do inverno. Eles podem abrir nossa percepção a novas revelações acerca do nosso desenvolvimento espiritual.

A Anunciação

Sintonizado com as primeiras semanas do Advento, o discípulo espiritual dos Mistérios de Cristo deve dedicar-se ao cultivo da pureza como uma força. Pureza física, emocional, mental e espiritual estimulam o desenvolvimento das faculdades mais elevadas que abrem caminho para o Feminino Divino. Essa pureza nos ajudará a perceber conscientemente os reinos celestes e os seres gloriosos que neles habitam durante os sagrados dias do inverno. A Anunciação foi o momento em que Maria percebeu a presença de Gabriel, que lhe anunciou o papel que ela representaria nos Mistérios de Cristo. Desenvolver a pureza como uma energia pode levar-nos ao mesmo tipo de revelação.

A Imaculada Conceição

O segundo dos sete Mistérios Femininos do Cristianismo deve ser meditado durante a segunda semana do Advento. Esse período deve levar a uma compreensão cada vez maior de que todos nós podemos conceber A Divina Sabedoria Feminina em nossa própria vida. Quando concluímos a limpeza e a purificação adequadas, nós nos abrimos à promessa da conquista. Esse Mistério contém a promessa divina da Conquista *para todos*. Ele proporciona a compreensão final de que o eu é um reflexo do Divino, mas que cabe a nós preparar e conceber a expressão da divindade nas circunstâncias ímpares da nossa vida.

O Nascimento Sagrado

O terceiro dos Mistérios Femininos de Cristo deve ser focalizado na terceira e na quarta semana do Advento: as duas últimas semanas antes do dia em que ocorre o solstício do inverno. Esse é o cerne dos Mistérios de Cristo. O nascimento só ocorre através da união do masculino com o feminino. Um não pode conceber ou dar à luz sem o outro. Esse é o símbolo do início do processo de elevar a Criança Sagrada dentro de cada um de nós, da manjedoura do eu inferior para seu lugar de direito em nossa vida. Em outro nível, é a ascensão das energias ao longo da espinha dorsal, passando pelo coração, até a cabeça — para o terceiro ventrículo do cérebro — onde ocorre o nascimento mais elevado. Esse é o Mistério Feminino que nos ensina a seguir a Estrela da nossa Natureza superior.

Isso nos leva à época do Sol da Meia-Noite Místico — o solstício do inverno. Nesse período, o plano astral e a hierarquia angélica começam a abrir as comportas para infundir a Terra com o poder angélico do Cristo. Essa corrente de energia alcança seu ponto mais alto à meia-noite da véspera do Natal e, então, continua fluindo com a mesma intensidade durante treze dias, até o dia 6 de janeiro, dia de Epifania. Nos sistemas mais tradicionais de Mistérios, a Epifania era o tempo do Batismo que marcava o começo da uma nova vida e da iniciação. Durante esta época do ano, a doçura da música dos anjos desperta as energias femininas em todos os seres do planeta.

Nos Mistérios egípcios e persas, à meia-noite do que chamamos véspera de Natal, os sacerdotes reuniam ao seu redor seus discípulos mais leais e os mestres de seu povo, e falavam do grande mistério da vitória do Sol sobre as trevas. Eles ensinavam aos alunos o Mistério da alma imortal que vence as forças animalescas da natureza e o redespertar da consciência. Era uma celebração de confiança, de verdade e de esperança, conhecida como "ver o sol da meia-noite".

As energias associadas com a Terra, e que nela se manifestam, são estimuladas com o início do solstício de inverno e atingem seu auge no dia 24 de dezembro. É muito interessante o fato de o Cristianismo tradicional dedicar esse dia a Adão e Eva. Vemos de novo a importância do Mistério da Polaridade nos ensinamentos de Cristo. Como já foi mencionado, então as energias se derramam com abundância durante treze dias, tempo em que o fluxo cessa, mas a energia perdura por todo o resto da estação.

Há meditações especiais que podem ser feitas durante esses dias para nos abrir à verdadeira visão da Energia de Cristo. Se praticadas durante esse período, no último dia, a Imaginação Crística começará a despertar a nossa consciência para o que ainda tem de ser feito. Durante esse tempo, a alma pode passar por experiências profundas, talvez até mesmo catárticas. Uma análise atenta dos sonhos pode trazer conhecimentos novos.

A visão que resulta de um trabalho concentrado durante esse período sagrado pode revelar o que a humanidade ainda tem que passar na sua evolução. Muitas vezes essas informações vêm quando a imaginação é estimulada. A pessoa pode vir a saber o que tem de fazer para trazer Luz para as circunstâncias da sua vida.

Os Doze Dias do Natal

Em cada um desses dias sagrados, um apóstolo entra em ação para influenciar a humanidade. Atua com ele um grupo de seres da hierarquia angélica de um dos doze signos do zodíaco. Assim, em cada dia do Natal até a Epifania, a hierarquia angélica de cada signo do zodíaco manifestará e derramará grande energia sobre a Terra:

26 de Dezembro — Os seres da hierarquia angélica que atuam através de Áries intensificam a energia que projetam sobre a Terra com a ajuda de Tiago, o irmão do Apóstolo João. Este é um dia para concentrar-se na tarefa de tornar-se um pioneiro espiritual e de ascender a novos níveis do discipulado. Meditar sobre a seguinte frase o ajudará a sintonizar essa energia neste dia: "Eis que eu faço novas todas as coisas." (Apocalipse 21:5)

27 de Dezembro — Neste dia, os seres da hierarquia angélica que atuam através do signo de Touro projetam mais energias sobre a Terra com a ajuda do Apóstolo André. É um dia para procurar cultivar a humildade. Meditar sobre a seguinte frase ajudará você a se sintonizar melhor com as energias celestiais deste dia: "Aquele que permanece no amor permanece em Deus." (João 4:16)

28 de Dezembro — Os seres da hierarquia angélica que atuam através do signo de Gêmeos tornam mais fortes suas energias neste dia, com a ajuda do Apóstolo Tomé. Este é um dia para procurar superar a dúvida de manifestar o verdadeiro poder de Cristo. Meditar sobre a seguinte frase ajudará na sintonização das energias celestiais deste dia: "Aquietai-vos, e reconhecei que eu sou Deus." (Salmos 46:10)

29 de Dezembro — Os seres da hierarquia angélica que atuam através do signo de Câncer, intensificam suas energias neste dia com a ajuda do Apóstolo Nataniel. Esse é um dia propício para concentrar-se em conhecer a verdade e a união com Deus, através da prece e da meditação sem nenhum sentimento de decepção. Meditar sobre a seguinte frase o ajudará a sintonizar as energias celestiais deste dia: "Mas se caminharmos na luz, estaremos em comunhão uns com os outros." (João 1:7)

30 de Dezembro — Os seres da hierarquia angélica que atuam através do signo de Leão intensificam suas energias com a ajuda do Apóstolo Judas e/ou Matias. Esse é o dia ideal para concentrar-se no poder transformador do amor. Meditar sobre a seguinte frase o ajudará a sintonizar as energias celestiais deste dia: "O amor é a plenitude da lei." (Romanos 13:10)

31 de Dezembro — Os seres da hierarquia angélica que atuam através do signo de Virgem aumentam suas energias com a ajuda do Apóstolo Tiago, o Justo. Este é um dia perfeito para se concentrar na pureza de caráter e no altruísmo. Meditar sobre a seguinte frase o ajudará a sintonizar as energias celestiais deste dia: "Antes, o maior dentre vós será aquele que vos serve." (Mateus 23:11)

1º de Janeiro — Os seres da hierarquia angélica que atuam através do signo de Libra projetam mais energia com a ajuda do Apóstolo Judas. É um dia para se concentrar na beleza que existe em todas as almas e em todas as pessoas, independentemente de sua aparência exterior. Meditar sobre a seguinte frase o ajudará a sintonizar as energias celestiais neste dia: "E conhecereis a verdade, e a verdade vos libertará." (João 8:32)

2 de Janeiro — Os seres da hierarquia angélica que atuam através do signo de Escorpião intensificam as suas energias neste dia com a ajuda do Apóstolo João, o Bem-amado. Esse é um dia para concentrar-se nas energias da transmutação. Meditar sobre a seguinte frase o ajudará a sintonizar as energias celestiais deste dia: "Bem-aventurados os puros de coração, porque eles verão a Deus." (Mateus 5:8)

3 de Janeiro — Os seres da hierarquia angélica que atuam através do signo de Sagitário intensificam suas energias neste dia com a ajuda do Apóstolo Filipe. Este é um dia para procurar desenvolver as capacidades mentais mais elevadas da mente Crística. Meditar sobre a seguinte frase o ajudará na sintonização com as energias celestiais deste dia: "Vós sois a luz do mundo." (Mateus 5:14)

4 de Janeiro — Os seres da hierarquia angélica que atuam através do signo de Capricórnio intensificam suas energias neste dia com a ajuda do Apóstolo Simão (irmão de Tiago e de Judas). Este é um dia para procurar despertar a energia que transformará relutância em completa dedicação. Meditar sobre a seguinte frase ajudará você a sintonizar-se com as energias celestiais deste dia: "Até que o Cristo seja formado em vós." (Gálatas 4:19)

5 de Janeiro — Os seres da hierarquia angélica que atuam através do signo de Aquário intensificam suas energias neste dia com a ajuda do Apóstolo Mateus. Este é um dia para despertar as energias que ajudarão você na renúncia do mundo físico em favor da iluminação espiritual. Meditar sobre a seguinte frase o ajudará na sintonização com as energias celestiais deste dia: "Permanecei em mim, como eu em vós." (João 15:4)

6 de Janeiro — Os seres da hierarquia angélica que atuam através do signo de Peixes intensificam suas energias neste dia com a ajuda do Apóstolo Pedro. Este é o momento de invocar a força que permitirá que as energias femininas recém-despertas se tornem o alicerce de pedra da sua vida. Meditar sobre a seguinte frase o ajudará a sintonizar as energias celestiais deste dia: "E criou Deus o homem à sua imagem; à imagem de Deus ele o criou, homem e mulher ele os criou." (Gênesis 1:27)

À medida que você trabalha cada um desses dias sagrados, seguindo a Festa da Missa de Cristo, começarão a despertar ao longo do inverno uma visão e uma consciência cada vez mais ampliadas do potencial interior que você é capaz de manifestar na sua vida. Esse é o momento do novo nascimento!

Os doze Apóstolos e Maria, mãe de Jesus.
Gravura de Gustave Doré

OUTROS SÍMBOLOS OCULTOS NOS MISTÉRIOS DO INVERNO

As escrituras do Natal têm muitos significados ocultos. (É importante entendê-los, se quisermos compreender melhor os verdadeiros Mistérios de Cristo.)

A Caverna (gruta ou estábulo)

Esse é o eu inferior, onde mora a alma. Temos, primeiro, de dar expressão ao inferior antes de podermos conquistar o superior. Também é um antigo símbolo do útero, e, portanto, das energias femininas.

A Manjedoura

O plexo solar muitas vezes era mencionado como a "manjedoura". É o local do nascimento inferior ou do nascimento físico. A manjedoura superior é o ponto entre a glândula pituitária e a pineal. Somente elevando nossas energias alcançamos o superior. Temos de aprender a deixar a manjedoura dos nossos sentidos inferiores, trocando-a por uma manjedoura formada pelo Casamento Místico do Masculino com o Feminino.

A Estrela do Oriente

O Oriente é, tradicionalmente, um símbolo do Sol nascente — a Luz de Cristo erguendo-se proeminente sobre a Terra. A estrela também representa o aspecto que todos temos de seguir — a nossa estrela — para chegar à nossa alma mais elevada. A Luz Interior guia-nos o corpo, a mente e a alma. Também é um símbolo de Cristo orientando aquele através do qual ele poderá encarnar e caminhar pelo plano terrestre.

Os Magos

Em um nível, os Magos representam a tríplice dedicação do corpo, da mente e do espírito na busca espiritual. O número três é significativo também porque é o número da polaridade, e o nascimento que surge na verdadeira polaridade. Em outro nível, segundo Rudolph Steiner, os três Magos simbolizam as sementes das três primeiras raças principais das quais se originou a humanidade. Essas raças entraram em harmonia e se uniram, formando toda a humanidade através do Cristo — uma nova expressão dos antigos mistérios para toda a humanidade:

Gaspar — representante das sementes da Era Lemuriana da humanidade.
Baltazar — representante das sementes da Era Atlante da humanidade.
Melquior — representante das sementes do início da Era Ariana da humanidade.

Os Presentes dos Magos

Incenso — purificando e iluminando, ele representa o éter cósmico, no qual vive o espírito que influencia a nossa união com Deus.
Mirra — símbolo da vitória da vida sobre a morte, do elevado sobre o inferior.
Ouro — símbolo do processo alquímico e do ser exterior, cheio de sabedoria.

AS DÁDIVAS DE GABRIEL NOS MISTÉRIOS DE CRISTO

Gabriel é o arcanjo do amor e da esperança. Ele é o regente do inverno, atuando com o Cristo na sua influência angélica sobre o planeta durante esta estação. É tarefa de Gabriel ajudar na purificação, na elevação e na espiritualização da humanidade. Ele é o iniciador dos mistérios do Amor — do Amor primordial criativo.

Para o neófito, ele propicia experiências em que se terá consciência do amor através das emoções inferiores, além do âmbito das amizades, da família e dos benfeitores. Nesta época do ano, ele procura estimular uma maior apreciação da Essência Divina em tudo. Ele trabalha para desenvolver o poder do Amor na vida das pessoas — um poder que não tem impulso emocional ou sensual. É o poder do amor oferecido como um atributo a ser conquistado.

Àqueles que trabalharam para entrar em sintonia com os ritmos da estação do inverno, Gabriel ajuda a revelar a importância dos "Mistérios da Natividade", o que representa um passo rumo à iniciação. Na noite do ano em que há o supremo mistério, ele trabalha para espalhar a suave doçura da canção angélica. Por ser o responsável pela proteção de toda a natureza, é ele quem ativa o elemento feminino em todos os seres do planeta.

Gabriel é o guardião das águas sagradas da vida — o sêmen, no homem, e o óvulo, na mulher. Ele também é o supervisor do signo de Câncer — o oposto direto do signo de Capricórnio, que dá início à estação do inverno.

O lírio é o símbolo de Maria. Algumas vezes a rosa branca substitui o lírio — visto que, com freqüência, são intercambiáveis. Maria mostra o caminho para todas as mães e pais — para a união do masculino e do feminino, de forma que nasça a Criança Sagrada interior. Ajudar nesse processo é missão de Gabriel.

O lírio é o símbolo da pureza e do autocontrole, a norma para qualquer verdadeiro discípulo de qualquer tradição de mistérios. É um símbolo que invoca a influência angélica — particularmente a de Gabriel, durante essa estação. Ele estimula a energia do chakra da laringe e de todos os centros da cabeça, para que a energia criadora do "Verbo" possa ser desenvolvida e expressada na vida de cada pessoa.

Um exercício maravilhoso é visualizar o lírio formando-se dentro do seu corpo. O caule sobe pela espinha e, na altura da garganta, a flor desabrocha, abarcando a cabeça. Esse exercício ativa na nossa vida o Corpo de Luz ou o que pode ser chamado de "Lírio da Luz". Isso faz despertar, gradativamente, em nós o verdadeiro significado da Imaculada Conceição, um segredo para acabar com as doenças e com outras limitações do nascimento. Este exercício ativa a capacidade de conceber com a Força do Amor.

O RITUAL DO SOLSTÍCIO DE INVERNO

Este exercício pode ser feito desde a noite do solstício de inverno até a Noite do Místico Sol da Meia-Noite. Ele tem um enorme poder de cura sobre aquele que o pratica e planta as sementes que brotarão na vida dessa pessoa quando chegar a primavera. Essas sementes são as sementes da abundância, da prosperidade, do amor e da iluminação.

Este exercício usa uma simbologia que o ajudará a entrar em sintonia com os ritmos dinâmicos dessa estação e a ser mais receptiva com relação ao plano angélico e aos ensinamentos de Cristo transmitidos por meio desse plano. Ele pode influenciar consideravelmente os nossos sonhos; portanto, você deve prestar atenção neles durante esta estação. Este exercício também trará uma nova vibração à sua meditação e permitirá que, durante os meses seguintes, você dê mais expressão às energias Femininas do Amor, da Iluminação e da Intuição. Ele trará oportunidades para você irradiar sua própria luz nos meses vindouros. Naturalmente, caberá a você aproveitar ou não essas oportunidades.

Preparativos

Assegure-se de que não será perturbado durante o exercício.

Use velas das cores do inverno. As tradicionais são o vermelho e o verde, mas o preto e o branco também são cores poderosas para as celebrações do solstício do inverno.

Reserve uma vela para que você possa segurá-la nas mãos ao iniciar o exercício.

Antes de começar, coloque no colo uma rosa branca, se quiser, pode optar pela rosa vermelha, que é um símbolo exterior da rosa branca interior.

Se possível, tenha ao seu lado também um lírio de Natal, que você pode alternar com a rosa.

Meditação

Acenda uma vela de cera branca. Quando a chama da vela começar a brilhar na escuridão, concentre-se nela. Em seguida, feche os olhos e lembre-se da aparência da vela. Imagine a chama adquirindo vida na região do seu plexo solar. Quando puder sentir e ver essa chama dentro de você, apague suavemente a vela. Agora tenha consciência da pequena chama de luz que brilha na escuridão. Enquanto isso, ouça as palavras gentis: "Finalmente, meu filho, suba um pouco mais."

Você se concentra na chama interior e começa a flutuar rumo ao céu noturno. Veja e sinta-o. O céu está escuro, a não ser por uma única estrela solitária que brilha a distância. Você percebe que está flutuando na direção dela e, à medida que se aproxima, vê que a estrela paira sobre um grande templo construído no alto de uma montanha, com vistas para a Terra. Você segue sua trilha de luz até chegar diante dele.

Uma luz suave banha o templo e, embora você tenha estado neste mesmo lugar para a celebração do equinócio do outono, ele agora lhe parece muito diferente. As árvores estão aparadas e você pode ver o templo em toda a sua grandeza; ele parece maior do que você se lembrava. Tem doze lados, e a estrela acima dele o faz brilhar num branco luminoso. Acima do templo, ergue-se uma cruz de braços iguais, que se destaca do fundo escuro em que se encontra uma estrela de cinco pontas.

A porta do templo está fechada, mas pela janela você pode ver que dentro dele paira uma névoa branca brilhante. No centro há um altar e, acima do altar, uma cruz branca imaculada. Onde os pólos da cruz se cruzam vê-se uma única rosa branca. Ao redor do altar há fileiras de bancos dispostos em círculo. Neles estão sentadas as pessoas que se dedicam ao serviço. Elas são os "compassivos" — que lhe parecem, ao mesmo tempo, familiares e desconhecidos.

Essas pessoas estão unindo suas forças espirituais e aproveitando-as para o desenvolvimento daquela única rosa branca. Suas vozes se erguem em ondas de harmonia que enchem o templo e se irradiam para o mundo exterior. Quando a canção deles toca a rosa, ela desabrocha, pétala por pétala, emitindo um brilho dourado. A luz dessa rosa se irradia através das doze janelas do templo, envolvendo a paisagem.

A luz o envolve e inunda o seu corpo. Você é envolvido por ela. Você sente que está sendo purificado dos desejos egoístas, enquanto sua mente fica cada vez mais lúcida e brilhante como um diamante. Você fecha os olhos e sente a energia que cura e alimenta.

Quando abre os olhos, na sua frente está um belo ser de grande luz e bondade. Sua luz é de um suave verde-esmeralda que toca a sua alma. Na mão desse ser há um lírio de grande fulgor, e você sabe que esse lírio é Gabriel.

A porta, atrás de você, está aberta, dando maior visão dos trabalhos realizados no Templo Interior. Gabriel se aproxima e toca o topo da sua cabeça numa bênção. Você se sente pleno de um amor que está além da sua compreensão, um amor que se derrama sobre você, inundando o seu coração. Você olha para baixo e vê a chama interior que trouxe você até aqui, brilhando. Ela dança e muda de forma, transformando-se num bela rosa branca. Então Gabriel pega-o pela mão e leva você até a entrada do Templo Interior.

"Você abriu seu coração para os ensinamentos dos Servos da Luz.

Hora após hora, eles irradiarão suas energias. Eu o trouxe até aqui para que se lembre e algum dia traga outras pessoas para este templo."

A voz fala com suavidade na sua mente e toca o seu coração. Seus olhos se enchem de amor por esse ser magnífico, e a cruz interior e a rosa ficam mais brilhantes ainda, irradiando energia para fora do templo e, descendo pela encosta da montanha, para o mundo inteiro.

"Cada expressão de amor toca o mundo todo. Nesta época do ano, os grandes seres de luz sobem e descem, cercando a Terra e irradiando energias que toquem e despertem o coração de todos os homens do planeta."

Seus olhos são atraídos para o teto: ele se abriu para o céu noturno e para a Grande Estrela. Raios de Luz sobem e descem da estrela para o templo. Essa é a hierarquia angélica trabalhando para inundar a Terra com raios de amor.

"Estes raios tocarão todas as partes da Terra. Alguns são projetados para as áreas mais contaminadas do planeta, outros para os campos de batalha; e alguns transformam-se em bênçãos nos hospitais. Muitas são bálsamos para corações entristecidos. Alguns servem para ajudar novas almas a entrar na corrente vital da Terra e outros para ajudar os que acabaram de sair do corpo pela transição que vocês chamam morte. Essas são as obras do amor pelo mundo."

Gabriel volta-se para você e toca o seu coração.

"Olhe a rosa branca de luz que está dentro de você e veja o amor que é a sua herança divina." Você olha para a rosa no seu coração. Ela desabrocha, pétala por pétala, e nesse momento, você percebe o que tem de fazer para tornar-se um verdadeiro filho do Divino. Você tem a visão do Cristo dentro de você.

Quando levanta os olhos, o templo se foi. Gabriel já não está mais ali. A seus pés está uma rosa vermelha, um presente e um lembrete exterior daquilo que vive para sempre no seu coração. Você ergue os olhos para o céu noturno, sentindo-se atraído pela estrela distante. A música do templo interior continua ecoando suavemente na sua mente e o seu coração vibra com a canção dos anjos:

"Glória a Deus nas alturas e paz na Terra aos homens de boa vontade."

Capítulo Nove

O RITUAL DO EQUINÓCIO
DE PRIMAVERA

"Eis que eu faço novas todas as coisas!"
Apocalipse 21:5

Os Antigos Mistérios provocaram no nível intuitivo uma volta aos ritmos da Natureza. Espírito e Natureza estão em Harmonia! O papel das estações da Terra é promover determinados avanços no que diz respeito à evolução em geral. O outono é o tempo de plantar as sementes; o inverno é o tempo de germinação das sementes e da formação das raízes. A primavera é o florescimento dessas novas sementes, que trazem nova aspiração de vida para a colheita do verão. As estações também estão representadas nos verdadeiros Mistérios de Cristo.

O equinócio da primavera abre o véu entre o plano físico e o espiritual para que se inaugure a ressurreição em nossa vida. A nota básica desta estação é a criação, é o impulso para elevar nossa vida a um plano superior, como uma semente que brota da terra erguendo-se no ar. A primavera é o tempo em que as energias criativas que estivemos alimentando durante o inverno podem ser expressas para iniciar um novo mundo de oportunidades para nós.

É nesta época do ano que o Sol deixa o signo aquático de Peixes e entra no de Áries, o signo do fogo criador. O fogo sempre foi considerado sagrado e misterioso. Muitas tradições falam que o fogo primeiro pertenceu aos deuses. Inúmeros são os mitos sobre os antigos ladrões do fogo e sobre a criação da humanidade. O fogo é um elemento que consome e modifica: ele tanto pode destruir como criar.

Áries é o signo do fogo ligado a novos começos. Atribui-se a esta época do ano, um grande significado esotérico. De acordo com a grande tradição hebraica, Deus criou o mundo nesta época e Moisés tirou os israelitas do Egito durante a primavera. Os mitos sobre a Ressurreição, associados com a primavera, são muitos: de Jesus Cristo até Osíris do Egito, Adônis da Babilônia e Tammuz da Suméria. Nos Mistérios Romanos, a morte e a ressurreição de Átis era celebrada nessa época do ano.

Este é o tempo para o fogo do que é novo. A primavera é o início do processo alquímico da mudança das estações. Pelo fato de a humanidade não ser mais sensível aos ritmos das estações, tornou-se necessário que a energia de Cristo atue sobre a humanidade de forma cíclica.

É importante que o aprendiz dos Mistérios de Cristo saiba que cada estação, cada dia e até mesmo cada hora tem sua própria qualidade peculiar. Temos de aprender a entrar em sintonia com eles para melhor aproveitar seus benefícios. Estamos expostos ao ciclo universal de influência.

Enquanto o inverno é a época dos Mistérios Femininos (elemento Água), no Cristianismo Oculto, a primavera é o tempo dos Mistérios Masculinos (elemento Fogo). O período do equinócio é o da fusão alquímica e mágica da água e do fogo. As águas vivas dentro de nós (as Energias Femininas despertadas) adquirem um novo brilho (o fogo das Energias Masculinas) para que possamos expressá-las mais plenamente. As energias desta época do ano nos dão a chance de entender o mistério da polaridade, o equilíbrio do masculino e do feminino, permitindo que, finalmente, esses dois pólos possam se fundir para criar uma vida nova. Este é um período em que há grande poder criativo tanto no plano espiritual como no físico.

No Ocidente, as forças criativas começam a crescer. Há uma irrupção renovada de vida exuberante, que cria muitas oportunidades para as pessoas que estão sintonizadas com seus ritmos e forças.

1. Esta é uma ocasião excelente para iniciar uma ordem nova na nossa vida.
2. É um tempo ideal para queimar o velho — a queima da escória — para que novas sementes possam brotar e adquirir nova expressão. Portanto, um dos significados ocultos do ensinamento de Cristo é: "Não coloquem vinho novo em odres velhos."
3. Trata-se também de um tempo em que o véu entre o plano físico e o espiritual fica mais fino, tornando mais fácil entrar em contato e invocar a energia espiritual em ação, atraindo-a para a nossa vida.
4. Sua energia pode ser usada para acelerar a nossa iniciação ou para criar novos padrões para ela por toda a primavera.
5. Este é tempo excelente para invocar uma energia que irá ajudá-lo a renovar todas as coisas em todas as áreas da sua vida.
6. É mais fácil liberar a centelha ardente do divino.
7. Os templos interiores estão mais acessíveis para que possamos nos sintonizar mais profundamente com os segredos da vida.
8. Este é um tempo poderoso para liberar as energias curadoras do fogo.
9. Para o discípulo avançado, este é o período ideal para ajustar o corpo da alma de forma que a pessoa possa atuar conscientemente no mundo espiritual.
10. É tempo de despertar novos mestres no plano terrestre.

Para o verdadeiro aprendiz dos Mistérios de Cristo, é durante a primavera que está disponível a energia que torna mais fácil o discipulado. O discípulo tem de aprender a retirar do caminho as pedras da limitação pessoal e dos sentidos, e a seguir em frente — irradiando a luz interior para o mundo exterior. Nesta época do ano, o discípulo pode iniciar o caminho da provação e aprender a entrar em contato com a força vibrante do planeta a fim de curar a si mesmo e aos outros. Este é o período ideal para chegar a um novo entendimento do processo dinâmico da cura — que em grande parte foi delineado pela vida de Jesus Cristo. Um estudo das curas feitas por Cristo Jesus pode ajudar a pessoa a compreender o intricado jogo de energia na vida da humanidade.

Esta é uma época para se concentrar na transmutação consciente. É o tempo ideal para afirmar a força da vontade sobre a personalidade. É hora de equilibrar as polaridades. Esse equilíbrio é necessário para compreender plenamente o significado do maior símbolo dos Mistérios de Cristo — um símbolo que está associado a esta estação do ano: o símbolo do Santo Graal. O Mistério do Graal é intricado e tem muitos níveis. Para a maioria das pessoas que estudam os Mistérios de Cristo, esta é a bênção inicial tanto do masculino quanto do feminino.

O SIGNIFICADO OCULTO DO TEMPO DA PÁSCOA

Como já analisamos, os Mistérios de Cristo — O Caminho Crístico da Iniciação — foram representados no curso de vida do Cristo Jesus. Isso se torna ainda mais evidente quando analisamos nessa época do ano o ápice dos acontecimentos históricos associados a esse ser.

O caminho iniciático dos Mistérios de Cristo é delineado durante a Páscoa. A Páscoa ainda é o único dia santo determinado pelas estrelas. Ela sempre cai no primeiro domingo depois da primeira Lua Cheia da primavera — depois do equinócio da primavera. A tradição esotérica conta-nos que somente os iniciados mais elevados são capazes de participar dos Mistérios e das energias que ocorrem neste equinócio. Para a maioria das pessoas, incluindo os aprendizes dos Mistérios e os discípulos, as energias celestiais do equinócio são festejadas por "reflexo" no dia da Lua Cheia (Os estudantes de astrologia sabem que a Lua reflete a luz do Sol; portanto ela tem importância no período em que se celebra a Páscoa.)

A Páscoa é a época ideal para entrar em contato com energias que transfiguram a nossa vida. É um período supervisionado pelo Arcanjo Rafael, o Guardião do Santo Graal. Nesta época do ano, é missão de Rafael ajudar a aguçar nossos sentidos para que a alma possa realmente ver e conhecer o que no seu caminho ainda é preciso ser feito.

A Páscoa é uma celebração que pode nos ajudar na nossa espiral sempre ascendente. É um tempo de grande celebração angélica, um tempo em que podemos nos ligar mais plenamente com os mensageiros angélicos para ressuscitar nossa vida. Nessa época há um chamado para que os mestres despertem para suas tarefas e propósitos. É um tempo em que a energia esotérica da música e das flores pode ser descoberta pelas pessoas que são sensíveis a ela.

O caminho iniciático dos Mistérios de Cristo é delineado através destes eventos que conhecemos como a Semana Santa. Todo acontecimento da vida de Jesus Cristo reflete acontecimentos na vida de cada ser humano que busca desenvolver a Consciência Crística. Eles foram representados no plano físico para nos dar a chance de conhecê-los melhor; contudo, não devem ser abordados literalmente. É preciso buscar o "Significado oculto". Esta é uma época de grande celebração e não de lamentações!

SEMANA SANTA

Quarta-feira

Este é o dia da traição e da autodestruição de Judas. As meditações giram em torno da morte dos desejos inferiores e da purificação do caminho para alcançar maior luz.

Quinta-feira (A Última Ceia)

Este dia envolve o Mistério da Eucaristia — o mais elevado ensinamento sobre o processo alquímico. É tempo de meditar sobre a transmutação das energias masculina e feminina para expressá-las de forma mais elevada.

Quinta-feira (Jardim de Getsêmani)

Este é o dia próprio para analisar e se concentrar no "Encontro com os Habitantes do Limiar", um processo que se repete muitas vezes na vida do verdadeiro estudante dos Mistérios.

Sexta-feira (Crucificação)

O tempo mais alegre da estação, ele representa o último estágio da iniciação. Aqui aprendemos a carregar a nossa cruz, pois somos os únicos responsáveis pela nossa vida. Renunciamos ao inferior em favor do superior.

Sábado

Nos sistemas mais tradicionais de mistério, este foi o dia destinado ao Batismo, uma ato que liberou e iluminou a estrutura energética das pessoas que levaram a visão consciente plena para os planos espirituais interiores da Natureza. Os véus entre a vida e a morte, entre o plano físico e o espiritual foram rompidos para sempre.

Domingo (Ressurreição)

A cerimônia mais exaltada é um tempo de celebração angélica dedicada àquele que se elevou acima do eu inferior e deu plena expressão à verdadeira energia de Cristo. É tempo de comunhão plena e verdadeira com a hierarquia angélica.

A energia de Cristo sobre a Terra, na Páscoa, exige de nós um certo entendimento. Para ser considerada uma época de grande alegria, é preciso que se tenha conhecimento dos aspectos esotéricos dos Mistérios de Cristo. Aqueles que entrarem em sintonia com essa energia serão agraciados com um nível mais profundo de entendimento.

PREPARATIVOS PARA OS MISTÉRIOS DE CRISTO RELACIONADOS COM O FOGO

Assim como os ensinamentos e as etapas do desenvolvimento que cercam os Mistérios Femininos do Natal e do solstício de inverno têm um período de preparação (Advento), os ensinamentos das energias masculinas do fogo nos Mistérios de Cristo também passam por um período semelhante. Trata-se da Quaresma.

A Quaresma permite que cada um de nós comece o processo de preparação para aprender as lições e sentir as energias dos eventos que constituem a Semana da Páscoa. Cada pessoa, ao entrar em sintonia com os Mistérios de Cristo e com seus ritmos, os vivenciará à sua maneira. Os sete mistérios masculinos geralmente são sentidos por todas as pessoas na estação da primavera, de uma ou de outra forma.

O tempo da Quaresma é uma época para se fazer uma meditação profunda sobre os mistérios que serão apresentados, e que se relacionam com a expressão do fogo interior e com sua transmutação consciente. O tempo de preparação da pessoa é que determina o grau de dificuldade das provas e dos testes que ela enfrentará para alcançar o pleno despertar e para expressar o fogo interior. Nos Templos de Mistério, esse sempre foi um período de grande preparo da alma. Ele antecedia o influxo das energias estimuladas sobre a Terra pelo equinócio da primavera. Esse período tem muitos significados, alguns de ordem mística.

1. A Quaresma tem início quarenta dias antes da Páscoa. Essa duração de quarenta dias, de caráter simbólico, era um período de muitos preparativos. Depois do Batismo, Cristo Jesus foi para as montanhas e lá ficou quarenta dias. O Batismo foi o último dos Mistérios Femininos. Depois deles, viria a expressão da energia de Cristo no mundo exterior.

2. É tempo de se preparar para a grande conquista espiritual, liberando energias que criarão uma oportunidade para o aprendizado e a iniciação.

3. O que vai se realizar e manifestar na vida de cada um dependerá dos esforços da pessoa; nisso pode levar quarenta dias, quarenta anos ou quarenta vidas.

4. A Quaresma era um tempo de provações nos antigos Templos de Mistério:
   um tempo de profunda busca da alma;
   um tempo de grande determinação da alma;
   um tempo de profunda análise interior.

5. A cerimônia da Quarta-feira de Cinzas simboliza a nossa dedicação e o desapego necessário para começar a entender os Mistérios do Gólgota. As cinzas simbolizam os fracassos em manter-se leal aos ideais que foram despertados no Domingo de Ramos do ano anterior.

6. O Domingo de Ramos da Quaresma era o dia indicado para criar novos ideais para o ano vindouro e para a celebração daqueles que desejam que tenhamos êxito em nossos esforços espirituais.

7. Nas tradições hebraicas, os Livros Místicos de Jó e de Jonas eram usados como manuais de iniciação e de preparação durante essa época.

Dependendo do grau de preparação, o discípulo dos Mistérios de Cristo pode sentir essas energias num dos seguintes níveis: *Purificação, Ilumi-*

nação e *Domínio*. Esses três níveis, que entram em ação quando o discípulo está sintonizado com a estação, não estão isolados ou separados; há até mesmo uma sobreposição entre eles.

Purificação (O Estudioso do Getsêmani)

Para a pessoa que está se abrindo às energias de Cristo em sua atuação cíclica sobre a humanidade, o trabalho e os esforços desta época do ano podem estimular um estreitamento do seu caminho espiritual. A pessoa pode ver surgirem situações que testarão sua capacidade de usar a fé, o amor, a pureza e a força em várias áreas da sua vida. A pessoa pode ser levada a um caminho que exija maior dedicação ainda ao serviço e apresente oportunidades de servir os outros de várias maneiras. Se trilhado conscientemente, esse caminho levará por fim à liberdade consciente do corpo físico, podendo estimular o surgimento de mais pureza e altruísmo.

Simbolizado pelo ritual do jardim, a energia da purificação pode ser uma oportunidade de aprender a transmutar nossas condições de vida. Essa energia nos dará a oportunidade de purificar a natureza inferior e abrirá uma visão mais ampla do futuro. Como parte da compensação espiritual pelos esforços e provações desta época, será possível desenvolver técnicas para obter conhecimento, em primeira mão, dos fatos ocorridos em outros planos de vida, fatos que vão além do conhecimento físico.

Iluminação (O Estudioso da Prova)

Neste nível dos Mistérios de Cristo, a pessoa pode ter uma energia que a levará mais longe ainda; porém ela terá de enfrentar testes mais delicados de discernimento e de equilíbrio. Quanto mais nos desenvolvemos, mais aprimoradas, intensas, fortes e penetrantes serão as nossas provações diárias. Por meio da sintonização com as energias desta estação, a pessoa terá oportunidades que lhe mostrarão a importância do altruísmo no seu treinamento. É preciso aprender a andar pelo caminho reto e estreito. A compensação espiritual nesse nível é o despertar da verdadeira clariaudiência e clarividência. O treinamento e trabalho deste nível envolvem o despertar consciente dos centros de energia e, portanto, começa a desenvolver-se uma percepção que pode nos abrir o acesso para o plano espiritual com consciência plena, normal e atenta.

Domínio (O Estudioso da Crucificação)

Quem entrou em sintonia com os Mistérios de Cristo na estação da primavera e está mais desenvolvido nessas áreas, pode abordar os ensinamentos associados com a crucificação. Nesse nível, devido à intensidade com que isso se manifesta na vida da pessoa, muitos desistem. A força desenvolvida até este ponto pode não bastar, e pode ser necessário mais trabalho em outros níveis. Os testes continuarão a aparecer. O flagelo deste fato é o símbolo do aprendizado individual de despertar e de controlar a serpente de fogo interior. De fato, muitos podem criar situações que fazem refletir sobre a própria crucificação, mas não serão capazes de suportar ver a cruz sendo erguida. Neste nível de sintonização, a compensação espiritual é despertar a capacidade de passar do plano físico ao espiritual e vice-versa, de acordo com a vontade de cada um. A personalidade está ligada ao espírito.

Às vezes, é bom ser introspectivo durante toda a estação da primavera, para que você possa identificar de que modo sua sintonização com os ritmos sazonais está provocando as situações pelas quais você passa no caminho dos Mistérios de Cristo. Às vezes, tomar conhecimento das circunstâncias da nossa vida, colocando-as numa dessas três categorias, ajuda-nos a determinar que trabalho é necessário para entendermos seu significado oculto. Embora a iniciação seja sancionada pela Bíblia, ela acontecerá em circunstâncias da vida normal — envolvendo as pessoas mais próximas de nós. Não se pode planejar artificialmente situações em que ocorra uma iniciação. Foi importante fazer com que a humanidade soubesse que é preciso dedicar a vida à promulgação dos Mistérios Superiores.

OS SETE MISTÉRIOS MASCULINOS DO CRISTIANISMO OCULTO

Os sete passos originais do antigo processo iniciático foram ampliados e reapresentados nos quatorze passos dos Mistérios de Cristo. Estes, por sua vez, são divididos em sete Mistérios Femininos e em sete Mistérios Masculinos, cada um associado às energias ativadas com determinadas mudanças sazonais sobre a Terra.

Os Mistérios Femininos (elemento Água) estão ligados ao solstício de inverno e ao inverno. Neles, o trabalho se concentra no coração e no plexo solar, os centros do nascimento. Trata-se dos Mistérios Gozosos, que dão nascimento, dentro da pessoa, ao potencial Feminino Divino que existe em cada um de nós. Nos acontecimentos históricos da vida do Cristo Jesus, os Mistérios Femininos estão associados com a experiência da Anunciação e terminam com o Batismo.

Os Mistérios Masculinos (elemento Fogo) se prendem ao equinócio da primavera e à primavera. Neles, o trabalho é difícil e envolve o desenvolvimento do autocontrole. Eles exigem que se dê expressão aos potenciais interiores no mundo exterior — vivendo a vida à qual você está tentando fazer nascer. A pessoa precisa aprender a revelar as forças criativas que nasceram na estação anterior. A pessoa tem de aprender a caminhar sozinha, expressando esse fogo criador com o desenvolvimento e a concentração da Vontade.

Transfiguração

Este é o acontecimento que lança uma ponte entre os Mistérios Femininos e os Masculinos no Cristianismo Oculto. Ela une os Mistérios do Natal aos da Páscoa — une o masculino ao feminino como pólos iguais, embora separados, de energia no indivíduo. Esse é o estágio de desenvolvimento no qual a pessoa tem de aprender a expressar ambos os aspectos com igual polaridade. No nível mais elevado, ela pode despertar a glândula pituitária (sede do chakra frontal e das energias femininas) e a pineal (o chakra da coroa e a sede das energias masculinas). Feito isso, a transfiguração estabelece um contato consciente com os grandes mestres espirituais, independentemente do tempo ou do espaço. Nos Mistérios de Cristo, trata-se do momento em que o Cristo Jesus apareceu na sua essência Arcangélica diante dos três discípulos capazes de elevar suficientemente sua consciência para vê-lo.

Entrada Triunfal

Esta é aquela parte que representa as alegrias que encontramos ao longo do caminho. Jerusalém foi o centro cardíaco onde o Cristo nasceu (numa época que associamos aos Mistérios Femininos). A entrada triunfal é símbolo do caminho do candidato vitorioso no processo de transfiguração da sua vida. Ele representa o reconhecimento público que chega para os que desenvolvem e expressam os potenciais interiores mais elevados. Esse evento tem importância interior e exterior. É uma oportunidade para aqueles que se beneficiaram das aulas para mostrar respeito e gratidão; e é indício da chegada de um trabalho ainda maior — a Entrada no Templo da Luz. Esse é o evento da aclamação daqueles que também conquistaram e obtiveram o grau de desenvolvimento e expressão de força criativa. O jumento é símbolo da sabedoria da alma e as palmas são símbolos da conquista vitoriosa.

A Ceia no Salão Superior

Nas escrituras, trata-se da celebração da "Última Ceia". Ela simboliza o Banquete da Eucaristia ou festa da Polaridade que foi transmitida de Melquisedeque a Abraão e de Cristo para toda a humanidade. Essa ceia fazia parte de todas as antigas tradições de Mistérios. Trata-se do ensinamento final e definitivo do processo alquímico. Só os que atingiram certo grau de desenvolvimento sentam-se à mesa e compartilham desse mistério que demonstra como conservar a essência da vida de modo a criar uma energia vital que se irradiará do corpo e que pode ser concentrada de volta no corpo quando o discípulo quiser. Esse é o mistério da fusão dos opostos — a igualdade e o equilíbrio do masculino e do feminino em todos os relacionamentos. A tradição esotérica ensina que Maria fez uma reunião semelhante num aposento contíguo para as doze mulheres iniciadas. A verdadeira cerimônia incluía tanto homens quanto mulheres, e aqueles que participavam aprendiam como demonstrar os poderes de cura e a iluminação espiritual. O pão é um antigo símbolo do Feminino Divino (mistério da água) e o Vinho é o antigo símbolo da Energia Masculina ou elemento Fogo. Pão e vinho, pão e sal, bolos e bebidas, maná, a Última Ceia — tudo isso faz parte da mesma antiga tradição.

O Jardim do Getsêmani

Foram transmitidos aos três apóstolos mais devotados, Pedro, Tiago e João, ensinamentos sobre o mais alto poder de transmutação de energias. Mas eles não conseguiram ficar acordados para ajudar Cristo Jesus; portanto, não se mostraram dignos da tarefa. Para entrar em contato com o poder equilibrado do "Salão Superior" é preciso que o discípulo transmute as condições inferiores de sua vida espiritual. O Cristo não tinha eu inferior para transmutar, por isso, dispôs-se a transmutar a energia negativa da humanidade, que estava acumulada. Nesse evento, Cristo tornou as próprias

A Transfiguração
Gravura de Gustave Doré

vibrações mais lentas para entrar em inteira ressonância com os ritmos de vibração da Terra. Isso foi necessário para ele adaptar-se às condições energéticas de todo o planeta. Quando morreu na cruz, Cristo pôde tornar-se um Logos inerente à Terra, uma parte permanente da estrutura energética da própria Terra, para dar um novo impulso de elevação a todo o planeta. Os três apóstolos deveriam ajudá-lo, mas não conseguiram concretizar sua missão. A ênfase deste Mistério Masculino recai no altruísmo e no sacrifício. A verdadeira entrega espiritual tem de ser impressa em algum ponto da alma. Com a maioria dos estudiosos espirituais, isso acontece periodicamente durante o processo de desenvolvimento. Todos nós passamos pelo mesmo "Jardim do Getsêmani" — nossos sentimentos de solidão, sentindo o peso do mundo e de todas as responsabilidades sobre nossos ombros. Temos de encarar essa responsabilidade e, em última análise, temos de ser capazes de proclamar: "Seja feita a Tua vontade, e não a minha."

A Tentação

A "tentação" representa um ponto bastante crítico no caminho do estudioso da espiritualidade. Nessa ocasião, um certo grau de conhecimento e de poder foi obtido pela pessoa — um conhecimento maior do que o da pessoa comum. Isso sempre resulta em tentações. A pessoa tem de escolher entre os efeitos de longo alcance e os imediatos — e o imediato pode ser qualquer coisa na encarnação atual. Pode surgir a tentação de usar mal a energia ou de aproveitá-la para o engrandecimento de si mesmo. As tentações que surgem em geral são de três tipos e elas podem vir em várias intensidades:

As tentações da mente mortal e de seus desejos inferiores (representados por Jesus Cristo sendo levado diante de Anás)

As tentações da ambição mundana (representada por Jesus Cristo diante de Caifás).

A fraqueza e a indecisão mental quando se trata de defender a própria vida e as próprias verdades, mesmo pondo em risco a posição pessoal (representada por Jesus Cristo diante de Pilatos).

O flagelo e o mal-estar são a dor simbólica dos fogos espirituais do novo nascimento e dos centros totalmente despertos do corpo, tocados pela serpente de fogo da sabedoria à medida que ela sobe à cabeça. A coroa de espinhos também é símbolo dos efeitos do despertar da serpente de fogo quando nos recusamos a ceder à tentação de usar mal ou desperdiçar nossas energias e habilidades desnecessariamente. Quando a serpente de fogo (a kundalini) toca as glândulas pineal e pituitária, também toca o sino frontal e os nervos cranianos, abrindo a mente para a plena realização espiritual.

As três quedas do período de "provação" são símbolos dos fracassos morais aos quais a humanidade pode sucumbir no caminho rumo à plena iluminação:

A primeira é o peso da matéria que vela o plano espiritual.

A segunda é a queda devida aos desejos ligados à terra.

A terceira é a queda por causa da fantasia e do *glamour* descontrolados alimentados por uma mente espiritual indisciplinada.

Crucificação

Neste ponto do desenvolvimento do nosso potencial divino interior, o caminho vai ficando mais estreito. Muitos desistem ao chegar nesse ponto porque não têm força para continuar. Eles não acham que os desvios os prepararam apropriadamente, ou consideram que o caminho exigirá deles mais do que podem dar nessa ocasião. Muitos concordaram em "ser pregados na cruz", mas não conseguiram suportar a dor de a verem ser levantada. Nesse nível, a pessoa tem de trazer à luz os aspectos mais profundos e tem de transmutá-los.

Sempre é feita uma provação disfarçada, e muitas provações se relacionarão com escolhas do plano espiritual que está acima do físico e do pessoal. A pessoa tem de aprender a enfrentar todos os mal-entendidos, o ridículo e as perseguições sem vacilar — mesmo que estes partam dos entes mais próximos. Isso pode exigir a disposição de desistir da fortuna e da fama.

Maria percorreu cada etapa do caminho com Jesus Cristo, e, assim sendo, ela também adquiriu esse nível de iniciação que está sendo irradiado para a humanidade. Na cruz, Cristo Jesus esteve cercado por três mulheres, símbolo dos aspectos femininos que tornam possível a conquista, Nesse

"... e as trevas cobriram toda a terra..."
Gravura de Gustave Doré

nível, a pessoa pode passar do plano físico para os reinos espirituais quando quiser: ela aprende a lição da imortalidade consciente.

Ressurreição

O último dos sete Mistérios Masculinos do Cristianismo Oculto é celebrado na Páscoa — a ressurreição de Cristo. A morte é o último inimigo, o último medo a ser vencido. Esse acontecimento enuncia o ensinamento da imortalidade consciente — alguém que pode agir em ambos os planos, no físico e no espiritual, em plena consciência. Algumas vezes isso é chamado de "Grau Glorioso da Iniciação".

Nós passamos por muitas mortes e por muitas ressurreições em muitos níveis. Elas se refletem no contínuo ciclo das estações e das mudanças na Natureza. Sempre morremos para um aspecto de nós mesmos e nascemos para outro. Para muitas pessoas, a mudança é difícil e dolorosa, mas somente enquanto ficamos emocionalmente apegados ao que não é mais benéfico. Parte da tarefa do estudioso espiritual é ver cada dia como uma ressurreição.

No nível mais elevado, a tradição esotérica ensina que você pode passar muitas vidas na terra como mestre, mas não sofrerá mais a falta de consciência ao transitar entre os planos interiores e exteriores, entre a vida e a morte.

OS ENSINAMENTOS DE RAFAEL

Rafael rege a primavera. Algumas vezes ele é simbolizado pelo Sol ou pela volta do Sol. Rafael é o anjo da correção, da beleza, da cura e da vida. Literalmente, esse nome significa "Deus curou". Rafael ensina a arte da cura e, portanto, o caduceu é, muitas vezes, o seu símbolo também. Ele trabalha para ajudar os seres humanos a unir coração e mente no processo da cura.

A informação sobre Rafael vem originalmente da tradição caldaica, mas ele também é um dos grandes anjos mencionados no folclore pós-bíblico. No livro bíblico de Tobit, ele é companheiro e guia de Tobias, filho de Tobit. No final de sua jornada, Rafael revelou ser um dos "sete anjos sagrados" que atendem junto ao trono de Deus.

No *Zohar*, Rafael é encarregado de curar a terra e "por intermédio dele... a terra dá abrigo ao homem, a quem ele também cura". Portanto, é o anjo da ciência e do conhecimento, além de ter sido preceptor de Isaac. Uma lenda conta como Salomão orou para Deus pedindo ajuda na construção do Templo. Deus respondeu dando-lhe um anel mágico entregue à raça hebraica por Rafael. O anel, em que foi gravada a estrela de cinco pontas, tinha o poder de subjugar todos os demônios; e foi esse "trabalho escravo" dos demônios que permitiu que Salomão completasse a construção do Templo.

Rafael é o mantenedor e guardião do mais sagrado símbolo dos Mistérios Cristãos — o Santo Graal — durante toda a Era de Peixes. Ele trabalha para despertar a Grande Busca — a busca pela nossa verdadeira essência espiritual e pelo modo de melhor manifestá-la nesta vida.

Rafael derrama bênçãos e graças sobre a humanidade, e, com um grupo de seres de luz conhecidos como os Malaquim, como chefe e portador de milagres, colore nossa vida com encanto. E, graças à sua influência e à influência do seu grupo, os Malaquim, o nosso Santo Anjo Guardião vem nos ensinar e guiar assim que assumimos um controle mais consciente da nossa evolução.

O RITUAL DO EQUINÓCIO DA PRIMAVERA

Eis uma meditação que causa impacto na vida da pessoa quando feita na época ou perto do equinócio da primavera. Ela libera energia para a sua vida, dando origem a oportunidades para mudança e movimento. Ela estimula opções e decisões que nos ajudam a crescer. As oportunidades surgirão: se você irá usá-las ou não, depende de você.

Essa meditação abre você para um jogo de energia que lhe permitirá começar a expressar, na vida exterior, as condições que vem alimentando e desenvolvendo ao longo do inverno. Ela desperta uma nova visão e uma intuição mais apurada, além de ser um teste para a realização dos seus objetivos e desejos interiores. Acaso eles são o que de fato você quer manifestar na sua vida, ou você apenas está agindo superficialmente, só por divertimento? A energia dessa estação, ativada por meio dessa meditação, porá você diante dessa pergunta. É importante seguir o coração. Faça o que considera correto para você — faça o que você alimentou durante o inverno.

Essa meditação na primavera estabelece contato com novas pessoas e oportunidades para que você se expanda em todas as áreas da sua vida. Você só será limitado por suas atitudes e perspectivas. Essa meditação libera a energia da iniciação — iniciar novas atividades, conhecer novas pessoas, fazer novo aprendizado e ter novo crescimento e evolução espiritual. Ela dará início a uma nova compreensão e expressão do potencial interior que você sabia que possuía há tempos. Somente são necessárias fé e coragem para continuar desenvolvendo esse potencial. Sabemos que nunca temos uma esperança, desejo ou sonho sem que tenhamos também a possibilidade de torná-los realidade. A única coisa que pode abalar essa possibilidade de realização é a acomodação. Não é hora de se acomodar, mas de ir adiante com o que você já semeou!

Preparativos

Tenha a certeza de que não será interrompido.

Este exercício é mais fácil de fazer durante os três dias que antecedem o equinócio da primavera e no dia do equinócio.

Torne a repetir a meditação no dia da Lua Cheia, que vem logo depois do equinócio da primavera.

Repita-a outra vez na Sexta-Feira Santa, no Sábado de Aleluia e, especialmente, ao alvorecer do Domingo da Páscoa. (Talvez você queira repeti-la em outras ocasiões durante o Intervalo Sagrado, entre o equinócio da primavera e a Páscoa.) Meditar usando flores aumenta o efeito da meditação.

Preste muita atenção aos acontecimentos da sua vida, dia após dia, semana após semana, durante a primavera. Isso ajudará você a entender o poder sazonal da primavera à medida que ela traz energia para a situação da sua vida, que não tem paralelo.

Meditação

À medida que você começa a relaxar, a consciência do lugar onde você está desaparece. Um manto de escuridão cerca você e o faz sentir-se estranhamente seguro. Quando você observa a escuridão, ela começa e se dissipar. Você percebe que está no centro de uma pequena montanha por onde corre um rio tranqüilo. Suas águas são escuras e profundas. O céu acima está repleto de nuvens rodopiantes de cor cinza escuro. As árvores e arbustos são nus e cinzentos. Do outro lado do rio, há um templo antigo em ruínas. Anoitece, e o Sol se põe atrás de você, levando consigo a derradeira claridade do dia.

Você está em pé num caminho que chega até o rio escuro. Há pessoas em fila de ambos os lados do rio, usando pintura e vestidas de luto. Você anda silenciosamente entre elas, sem saber como reagir à sua tristeza e também sem saber o que fazer.

Na margem do rio há um pequeno batelão e, sobre ele, um altar coberto de preto. Parece um sarcófago aberto, e esse pensamento não faz você se sentir bem. Perto do caminho, uma pessoa alta, vestida de preto, está em pé. Em seu peito há um símbolo: um cálice dourado, sobre um fundo de cor azul. No batelão, perto do sarcófago aberto, há três figuras encapuzadas — caladas e rígidas. Você sobe no batelão, buscando ver no rosto velado dessas personagens alguma indicação dos eventos que se seguirão. Silenciosamente, elas ajudam você a se deitar sobre o altar e envolvem você, até o queixo, num pano negro de seda. No pano há o bordado de uma fênix gigante erguendo-se do fogo e das cinzas.

O batelão se afasta da margem, e a um aceno do guia com o emblema do cálice uma das outras três pessoas tira de dentro do manto uma rosa branca, enquanto a segunda faz surgir uma grande espada. A espada toca a rosa, e ela se colore de um vermelho intenso. Então a rosa é mergulhada na água ao lado do batelão. A água se incendeia, todo o rio fica em chamas. As chamas cercam o batelão — água e fogo juntos, um não extinguindo o outro. Quando os seus guias se certificam de que você está plenamente consciente do fogo, o pano negro é puxado para cima e dobrado sobre a sua cabeça.

De novo a escuridão. Você está só. Não deve ver nem ouvir nada. Você sabe que o fogo está queimando a água, mas não sabe que efeito terá sobre o batelão. Será que o fogo irá consumir o batelão? Será que irá consumir você? Você faz força para respirar profundamente e relaxar. De algum modo você sabe que pode dar novo rumo aos acontecimentos, se quiser, mas também sabe que em alguma ocasião essa viagem terá de ser feita. Como sempre, a escolha é sua.

Você ouve as palavras em sua mente: "Seja feita a Tua vontade," e toma a decisão. Tudo está em silêncio. Você fica a sós com os próprios pensamentos — sobre a santidade da sua vida. A sua mente começa a observar o passado, os acontecimentos da sua vida. Você revê todas as pessoas e fatos com que deparou. Todas as mudanças pelas quais passou flutuam diante dos seus olhos, mostrando-lhe como veio a tornar-se quem é agora. Você vê as pessoas a quem feriu e vê as que o feriram. Vê e sente o amor que deu e o amor que perdeu. Você vê sua vida entrelaçada com a vida de tantas pessoas, cada uma acrescentando algo à essência de criatividade que você é agora!

Você se lembra de todas as tarefas inacabadas e tudo o que prometeu que faria. Vê todas as ilusões da vida com que deparou e todas as bênçãos que recebeu. Lembra-se das aptidões que demonstrou ter no passado e às quais pode dar nascimento mais uma vez. Vê os sonhos, as esperanças e os desejos que ainda tem de realizar, enquanto surge em você a compreensão de que as oportunidades para realizá-los nunca passam. Elas sempre estão à mão!

Quando o batelão toca na areia da praia, ele dá um pequeno solavanco. Você curva as costas, sentindo a rigidez dos músculos. Percebe que se passou bastante tempo. Devagar, você tira o pano negro do rosto. As águas do rio não estão mais ardendo. É a hora que antecede a aurora; o Sol ainda não nasceu. E os seus guias foram embora.

Você percebe que está na margem, bem longe do lugar onde começou a viagem. No lado do morro você pode enxergar a silhueta de um antigo templo. Você se levanta do altar e pula do batelão para o chão.

Você sobe a montanha rumo ao templo distante. Ao chegar lá em cima, você vê o templo magnífico, em sua glória luminosa. Ele não está mais em ruínas. As duas árvores que ladeiam a porta principal estão repletas de folhas verdes e você olha ao redor. Toda a terra está verdejante outra vez. As árvores e arbustos estão repletos de nova vitalidade.

Nesse momento, os primeiros raios do Sol surgem no horizonte, no Leste. Com isso, a porta do templo se escancara, convidando-o a entrar. Ao pé no altar central estão os seus quatro guias, mas eles não estão mais vestidos de preto. Sua cor é a dos grandes seres de luz; afinal, os seus guias são os arcanjos das estações: Miguel, com a espada flamejante, Gabriel com a rosa branca, Auriel em branco luminoso e Rafael no centro, segurando bem acima da cabeça o Grande Cálice da Vida.

O templo é inundado com a música da harmonia e da vida. Todos os que estavam de luto agora estão vestidos com as cores do arco-íris e, à medida que cantam, o Sol vai surgindo do horizonte. Sua luz enche o templo, trazendo novo fogo e vida para todos. Ele toca e enche o Santo Graal, irradiando e refletindo sobre a Terra.

Você olha para trás, para o rio, e vê a luz dourada do Sol refletindo-se nas águas e enchendo-as de nova radiação e de um fogo de luz, não de chamas. Quando você se vira oura vez para o altar, Rafael se volta na sua direção, segurando no alto o Cálice Dourado. Ele levanta os olhos para os céus e a luz jorra sobre você. A luz entra em você em espirais, atravessando o seu corpo e você é renovado. Você torna a nascer. Sua aura se incendeia com novo brilho e você pode vê-la em toda sua verdadeira glória. Ela é inspirada por uma cruz de luz radiante que brilha jorrando sobre você como uma grande estrela no céu, uma estrela que iluminará toda a sua vida.

Você fecha os olhos cheio de gratidão e ora, elevando os pensamentos e o coração para o divino por meio da canção do Templo Interior. Quando você abre os olhos, o templo desaparece, mas você ainda guarda dentro de si a sua imagem viva. Suas energias aumentarão como o Sol que se levanta e sua vida se mesclará aos fogos criadores de Cristo.

Capítulo Dez

O RITUAL DO SOLSTÍCIO
DE VERÃO

"A coisa mais bela que podemos experimentar é o mistério. Ele é a fonte de toda arte e ciência verdadeiras. Quem não se familiariza com essa emoção, quem não consegue mais parar para maravilhar-se e ficar embevecido de admiração, esse está morto; seus olhos estão fechados..."

Albert Einstein

O solstício de verão é o ponto alto do Ano da Alma. É a época do ano em que as energias da Natureza atingem o auge, é a época em que as energias de Cristo tocam o corpo, a mente e a alma de todas as criaturas vivas. Esse é o tempo do Casamento Místico, a união do masculino e do feminino para dar nascimento à Criança Sagrada dentro de nós.

Esse é o tempo do ano para estabelecer um relacionamento entre a nossa Vontade e a força do Cristo interior, e entre a terra e todos aqueles que entrarem em sintonia com ela. É a época para se despertar para o êxtase espiritual. É o tempo em que o contato com a hierarquia angélica pode acontecer de um modo mais fácil e profundo. Exige-se mais concentração, visto que muitas vezes há mais atividade no mundo exterior, o que pode distraí-lo; contudo, trata-se de uma época que o alinhamento dos planos mais sutis da vida dão início a um contato mais íntimo com o plano físico.

Os ensinamentos mais elevados e esotéricos dos Mistérios de Cristo estão contidos no Sermão da Montanha, como já vimos. A tradição esotérica ensina que foi nessa época do ano que isso aconteceu.

Essa é também a época do ano associado à Ascensão nos Mistérios de Cristo. A Ascensão, no entanto, não é uma ascensão do Cristo rumo ao céu, distanciando-se da Terra. É a extensão e a ativação da plena energia etérica do Cristo para permitir que todos os que estão na Terra lancem uma ponte de ligação com os reinos espirituais. A importância oculta da Ascensão é o impulso de liberdade que enche todo o sistema energético da pessoa sintonizada e alinhada com ele. Isso rompe laços de dependência e ocorre uma nova elevação espiritual. Desde a época da Ascensão, a energia Crística encheu a Terra e se estendeu para os reinos espirituais, tornando-se acessíveis à humanidade para toda a eternidade. Por isso é importante a frase: "Eu estou com o Pai, e Ele está em mim e Eu em vocês."

Os planos físico, etérico, astral, mental e espiritual são magneticamente alinhados no dia do solstício de verão e nos três dias que o antecedem. Os corpos físico e sutil da humanidade também são alinhados nessa época. Para os que lidam com essas energias, pode estabelecer-se um alinhamento novo e mais estável, que tornará a pessoa receptiva para um crescimento maior, à medida que o Ano Novo da Alma se inicia.

Para os que entram em sintonia com os ritmos das estações e com os Mistérios de Cristo, o solstício de verão pode estimular uma época de grandes realizações:

1. Ele desperta grande inspiração espiritual e pode estimular o desenvolvimento da visão etérica consciente dos planos interiores.

2. Há um despertar de mais força para transmutar o inferior.

3. Surgem mais oportunidades de a pessoa se unir às outras que também estão envolvidas com os Mistérios de Cristo.

A Ascensão
Gravura de Gustave Doré

4. Surgem oportunidades para levar harmonia e unidade às várias áreas da nossa vida.

5. Pode haver a revelação do caminho que levará à "ascensão" mais elevada das próprias capacidades no ano vindouro.

6. Aumentam as oportunidades de trabalhar e de comungar com o Reino da Natureza e com aqueles seres que lidam com a humanidade. Na noite do solstício de verão, completa-se o ano de trabalho dos espíritos da Natureza. Essa é a época em que o "Reino das Fadas" se abre para os que estão preparados para conhecê-lo.

7. Essa época libera energias que criam oportunidades para demonstrar confiança, força e esperança.

8. Esse tempo permite que se equilibre os elementos da terra o corpo físico.

9. O Intervalo Sagrado (o dia do solstício de verão e os três dias que o antecedem) é uma época muito importante de purificação e sintonização. Pode ser usada para limpar o etérico dos hábitos e das formas de pensamentos negativos, para que você não repita os mesmos erros.

10. Há uma expansão geral das faculdades e das energias intuitivas.

11. Pode surgir a oportunidade de invocar mais energia para nossos chakras e para usá-los de forma mais direta.

12. Trata-se da época ideal para renovar a mente e entrar em sintonia com os reinos superiores, por meio da fusão dos chakras frontal e da coroa — as energias masculina e feminina. Em última análise, isso proporcionará a chance de nos tornarmos um canal de Luz.

Essa estação é regida por Auriel. Às vezes, Auriel é considerado o maior dos Arcanjos, com olhos que conseguem enxergar a eternidade. Muitas vezes chamado de Filho da Estrela, seu nome está vinculado a um nome pelo qual os primeiros Iniciados Cristãos eram conhecidos. Com a estação do verão, Auriel traz beleza e o despertar da visão. Quem se tornar receptivo aos ensinamentos de Auriel durante essa estação pode se apossar dos fluxos de vida que estão se irradiando por todo o planeta.

A ASTROLOGIA OCULTA DO VERÃO

Câncer é o signo maternal do zodíaco. Trata-se do signo que manifesta as novas águas da vida. É o signo que se destina a dar à luz uma nova polaridade e a expressão dessa polaridade. Os dois redemoinhos que compõem o glifo desse signo astrológico refletem a fusão do masculino e do feminino em nova expressão.

A Páscoa e o equinócio da primavera trazem com eles as lições da morte e do renascimento. A cruz — símbolo predominante na estação da primavera — é uma indicação da justaposição dos pólos das energias masculina e feminina dentro de todos nós. Quando aprendemos a realinhar e a equilibrar esses pólos, eles se tornam colunas paralelas, criando uma entrada pela qual podemos ingressar nos mistérios interiores do novo nascimento e da nova expressão. Gêmeos, o signo que termina a estação da primavera, tem como glifo as colunas gêmeas paralelas em pé, em vez de justapostas. Uma vez equilibradas, o processo de fusão pode começar — como se vê refletido no signo de Câncer que vem depois de Gêmeos.

À medida que o Sol entra no signo de Câncer, estimula-se, em vários níveis, uma nova expressão do Feminino Divino. Esse estímulo afeta as pessoas de formas diferentes, conforme a sensibilidade desenvolvida por elas. Essa intensidade variada é refletida por meio dos três planetas que estão associados a Câncer na astrologia esotérica. Esses três planetas nos influenciam de modos singulares, dando impulso a novos processos de manifestação energética na nossa vida. Esses processos são geração e regeneração. Esses três planetas também refletem os três níveis pelos quais a influência do solstício de verão pode nos afetar, conforme estivermos sintonizados com as energias dessa mudança de estação. Esses três níveis podem ser o nível físico, o nível da alma ou o nível espiritual.

Nessa época do ano, a Lua, que rege Câncer, afeta todos nós no nível físico. A maioria das pessoas reage a essa influência lunar envolvendo-se em novas atividades físicas, etc. A Lua é um símbolo da energia física da geração.

O planeta Júpiter e o efeito que exerce sobre nós são estimulados quando o Sol entra no signo de Câncer. O modo como afeta a cada um de nós pode ser determinado pelo seu posicionamento no nosso mapa astrológico; contudo, durante esta época do ano, sua influência é sentida num nível muito sutil. Qualquer pessoa engajada numa realização criativa ou artística, ou que deseje se engajar, pode tornar-se receptiva à maior inspiração por meio da sintonização com as energias desta época do ano. Este é o efeito primário de Júpiter sobre as pessoas quando o Sol entra nesse signo. Júpiter tem vínculos com aqueles aspectos da percepção anímica em nós que nos ajuda a construir pontes entre o plano físico e o espiritual. Ele expande e amplia as energias do corpo etérico, abrindo assim a pessoa a mais visão e inspiração. Quanto mais nos sintonizarmos com esses ritmos, maior será seu efeito sobre nós.

O regente esotérico do signo de Câncer é Netuno. Netuno é o planeta da iniciação, e quando o Sol entra nesse signo, a influência de Netuno e as energias da iniciação podem ser sintonizadas e invocadas na nossa vida. A influência de Netuno é sentida por todos, embora muitas vezes não seja reconhecida conscientemente. Netuno é o planeta da regeneração, e os que forem capazes de passar por um novo nascimento sentirão o chamado da iniciação. Netuno está associado ao mar, e muitos dos ensinamentos de Cristo foram dados às margens do Mar da Galiléia. O peixe, símbolo de Netuno, era um símbolo dos Mistérios de Cristo também. A influência desses três planetas e da hierarquia angélica que trabalha através deles tem sido descrita amplamente na literatura e nas escrituras. Até mesmo as escrituras bíblicas revelam essa influência oculta.

"Se alguém não nascer da água (Lua em Câncer) e do Espírito (influência de Júpiter sobre a humanidade através de Câncer), não poderá entrar no Reino de Deus (a influência de Netuno sobre a humanidade através de Câncer)." (João 3:5)

Os arcanjos associados aos planetas deste signo proporcionam o dom da introvisão. Gabriel é o arcanjo da Lua. Ele é, portanto, o regente da estação que começa com o signo oposto do Câncer: Capricórnio. Auriel rege o verão; mas Auriel também é conhecido por trabalhar por meio da influência do planeta Júpiter, no intuito de despertar a capacidade de inspiração na alma da humanidade. Cristo é mais comumente associado com o regente esotérico de Câncer, Netuno. Atuando através da influência de Netuno, Cristo age para estimular o feminino a se expressar de forma mais ampla e mais pura em todas as pessoas.

Câncer é o signo da Madona, a mulher com a Lua sob os pés e uma coroa de doze estrelas sobre a cabeça. Também se trata do signo do filho pródigo, o retorno para um novo nascimento e novas expressões do Feminino Divino. Câncer é o signo do nascimento e é o principal signo feminino do zodíaco.

Os querubins são seres angélicos associados com este signo. Eles são considerados os guardiães dos lugares sagrados do planeta e de todas as águas sagradas da vida. Esses lugares sagrados são denominados "O Santo dos Santos", "A Arca da Aliança Sagrada", "O Santo Graal", etc. Eles guardam os segredos sagrados da força sexual.

Temos de aprender a construir dentro de nós esses lugares sagrados e temos de manifestá-los em todas as expressões energéticas, tornando-nos pessoas "puras de coração". É essa a tarefa mais acessível nesta época do ano. (O Sermão da Montanha foi feito para ensinar a humanidade como tornar-se pura, para que mais inspiração pudesse fazer parte da nossa vida.)

À medida que o Sol aquece o resto do verão, os estudiosos dos Mistérios de Cristo têm por dever manter a igualdade da polaridade dentro de si mesmos. Isso se cumpre por meio da autoridade e do triunfo de cada um. Esta é a estação em que os grandes seres atuam na nossa vida — o que permite que nos preparemos para o Rito do Casamento Místico no Templo interno da alma.

OS ENSINAMENTOS DE AURIEL

Auriel rege a estação do verão, atuando para ajudar a difundir as energias de Cristo por toda a Terra. Auriel é conhecido como o anjo da beleza e da visão. Ele também é considerado o maior dos anjos, tendo olhos tão claros que podem ver através da eternidade. O nome Auriel significa "Deus é Luz".

As cores associadas com esse grande ser variam segundo a tradição. Quando entramos em contato com ele através dos seres e espíritos da natureza, suas cores tradicionais são o amarelo e o preto. Em seu aspecto vibracional mais intenso, a cor das vestes desse ser é uma combinação de branco cristalino e azul etérico, repleto de estrelas de prata da Madona. Durante os meses de verão, essas cores velam a Terra, especialmente durante o período do solstício de verão.

O contato com Auriel torna a pessoa receptiva ao reino "encantado" e à visão das fadas. Essa visão começa geralmente com a aparição de luzes cintilantes e, depois, com o aparecimento de formas sutis. A partir daí, a visão das figuras da hierarquia angélica começa a se abrir. Por meio do trabalho com Auriel pudemos nos abrir à verdadeira visão etérica — num nível plenamente consciente.

Há uma tradição que se refere ao fato de Auriel ser o mestre do profeta Esdras. Auriel despertou dentro dele o dom da visão espiritual pela qual ele foi capaz de ver Cristo frente a frente e a profecia.

Como Miguel, Auriel muitas vezes é associado com a Espada Flamejante. Invocar Auriel foi um modo pelo qual as pessoas puderam manifestar a aparição dessa Espada Flamejante. Trata-se da espada do discernimento e da compreensão da lei espiritual. Nas antigas lendas e escrituras do Graal, essa espada também era mencionada como uma lança ou punhal que derramou o sangue de Jesus Cristo enquanto ele estava na cruz. Por meio do trabalho com Auriel durante o verão, a energia espiritual simbolizada pela espada é despertada naqueles que passam por uma iniciação na vida. Trata-se de um símbolo da energia divina que anima toda a criação e que representa o poder que o ego adquire através de muitas encarnações. Quando essa energia desperta por meio do trabalho e da sintonização com as energias Crísticas durante os ciclos das estações, ela pode ser usada para curar e abençoar, mas só enquanto houver a disposição real de nunca infligir ferimentos mesmo que para tanto você tenha de ser ferido. O que um de nós fere, outro de nós tem de curar, e o que um de nós mata, outro de nós terá de trazer de volta à vida.

Auriel foi conhecido também como o "Fogo de Deus" e algumas obras antigas atribuem-lhe o processo alquímico. Qualquer pessoa que trabalhe com a natureza, com os espíritos da natureza e os processos alquímicos da vida, não pode fazer nada melhor do que meditar sobre Auriel e invocar a ajuda desse grande ser.

Auriel rege o verão, a época em que as energias da natureza chegam ao seu auge e também começam o declínio rumo a um novo ciclo. Esse é o processo alquímico: nascimento, morte e renascimento. É com a ajuda de Auriel que podemos ver essas leis em atuação nas nossas condições únicas de vida, de tal modo que possamos de fato transformar a nós mesmos da maneira que nos for mais apropriada.

RITUAL DO SOLSTÍCIO DE VERÃO

Esta importante meditação tem grande potencial no sentido de propiciar em nossa vida uma farta messe, a qual resulta num novo nascimento em vários níveis. Ela manifesta uma energia que lhe permite ter uma prova de como veio a ser, podendo apresentar uma prova da sua capacidade de colocar a Vontade Divina em primeiro lugar. Durante os meses de verão, começará a se desenvolver um entendimento cada vez maior de que deve haver verdadeiramente um motivo para você ser quem é e para estar onde você está — mesmo que você não conheça esses motivos.

Este é um exercício que aumentará suas faculdades de intuição. Você se tornará consciente do efeito que provoca nas outras pessoas durante os meses seguintes. Com freqüência, os outros comentarão como há algo de "diferente" em você, mesmo que não consigam dizer exatamente do que se trata. Isso tem a ver com a nova energia que nasceu no seu campo áurico.

As qualidades do idealismo, da devoção e o seguimento de um chamado mais elevado tornam-se mais importantes. Pode ocorrer um teste ou confronto com a hipocrisia. Haverá uma liberação de pressão nas ocorrências do dia-a-dia.

A intuição, a inspiração, a fertilidade, a compaixão e uma visão ampliada despertarão e crescerão durante todo o verão. Desenvolver-se-á um maior relacionamento com as outras pessoas, e não raro pessoas do seu passado voltarão à sua vida como uma das maneiras de você provar a si mesmo o quanto você mudou.

A atividade onírica se tornará vibrante. Essa atividade nos sonhos muitas vezes lhe trará informações importantes quanto ao rumo que está trilhando. Por meio dos sonhos, começarão a surgir lampejos do que o mais elevado lhe poderá trazer.

Preparativos

Assegure-se de que não será interrompido.

Faça esta meditação na noite do solstício de verão e nos três dias que o antecedem. Ela pode ser repetida periodicamente durante o verão.

Prepare bolo e refrigerante, pão e vinho, ou uma das combinações eucarísticas disponíveis — uma participação física e uma concentração no solo das energias espirituais que você invocará por meio deste exercício.

Este exercício será muito forte se feito em grupo, mas também tem muita força se realizado com alguém do sexo oposto. (Certifique-se de que tem um bom relacionamento com a pessoa com quem vai fazer o exercício.)

Crie um clima de festa em torno da meditação. Você está participando da celebração da nova vida — de um novo nascimento.

A meditação é muito eficaz quando feita ao ar livre, visto que o solstício de verão é o ponto máximo das forças da Natureza no seu ciclo anual. Quase sempre há Lua Nova ou Cheia na época ou perto da época do solstício. Faça o exercício nessa ocasião para obter os melhores resultados possíveis.

Meditação

Relaxe e respire profundamente o ar fresco da noite de verão. À medida que se descontrai, deixe que seus olhos se fechem. Sinta o caloroso abraço do verão acalmá-lo e protegê-lo. Sinta e imagine que está sendo erguido para o céu dessa noite de verão, sendo delicadamente levado ao topo da alta montanha com a qual você já está se familiarizando. Quando for suavemente colocado diante do belo Templo, imagine que está voltando ao lar. É como uma reunião ou um casamento que reúne todas as pessoas.

Enquanto está do lado de fora dos portais do templo, você nota que as árvores que o ladeiam ainda estão repletas de folhas verdes. Durante todo o ano que passou, houve crescimento e você quase pode ver onde terá de ser feita a próxima poda. Esses pensamentos circulam pela sua cabeça enquanto observa o céu noturno. Ele está repleto de nuanças de azul-escuro e de tons de púrpura.

Há uma única constelação visível, e uma estrela entre as outras brilha com mais intensidade. Embora você não reconheça essa constelação, de algum modo você sabe que se trata da estrela Sírius. Os egípcios lhe deram esse nome porque se trata da união de Ísis e Osíris.

A porta do Templo Interior se abre. Você se concentra no que está acontecendo no momento. Você entra e percebe que o templo parece ser muito maior do que se lembrava. Você se surpreende por ver que está usando um traje branco com bordados de hera cor de esmeralda e ricas parreiras na orla. A túnica está amarrada na cintura por um cordão de prata, com uma fivela em que está gravado o símbolo do signo de Câncer.

Um magnífico ser de fogo e de luz se aproxima; seus olhos o envolvem como se o estivesse abraçando e ele o chama pelo nome. Você reconhece Auriel e se inclina humildemente. Auriel coloca-se atrás de você e cobre seus ombros com uma capa de seda azul-escuro.

Você caminha pelo templo e olha ao redor. O teto tem uma janela no formato de cruz grega, que abre o templo para os céus. A distância você pode ver aquela única estrela brilhando através da janela. A luz irradia seu brilho para o chão do templo, desenhando o formato da cruz.

Sentados ao redor do templo, alternam-se homens e mulheres de todas as idades e de todas as raças que existem no planeta. Trata-se dos mestres das antigas sabedorias. Por trás deles sentam-se todos aqueles que, como você, estão no caminho do autoconhecimento. Auriel se adianta e, com um movimento, mostra-lhe o seu lugar.

Assim que se sentou, você volta a sua atenção para o altar central. Diante dele senta-se o Sumo Sacerdote. Está vestido simplesmente com uma roupa azul-escuro e há faixas prateadas em seu cabelo. Você ouve chamar seu nome em voz suave, e vê que o Sumo Sacerdote fixou os olhos em você — reconhecendo-o, como fez com todos os presentes. Os olhos dele retêm a sua atenção. Eles são mais velhos do que o tempo, e estão cheios de orgulho, sofrimento, amor e desespero. Este é Melquisedeque, o Príncipe da Paz.

Ele se vira para o altar e levanta o Cálice Dourado do altar, erguendo-o bem alto acima da cabeça. Ele entoa uma palavra estranha que, no entanto, toca o seu coração. Nos quatro pontos cardeais aparecem grandes colunas de luz. No Leste, uma coluna de azul e dourado se ergue e, depois, forma a figura do Arcanjo Rafael. No Oeste, uma coluna de luz verde esmeralda surge e, depois, brilha na figura do Arcanjo Gabriel. No Sul, surge uma coluna de fogo vermelho que, em seguida, forma a figura do Arcanjo Miguel. E, no Norte, surge uma coluna branca cristalina que brilha e, na sua frente, aparece o Arcanjo Auriel.

Um som começa a encher as naves do templo. Uma luz se irradia da estrela, abençoando o cálice. Um vento sopra pelo templo. Você nunca se sentiu tão vivo como nesse momento. Você não sabia que o céu tinha uma canção; no entanto, é uma canção que o comove agora. O templo fica repleto com a energia transmitida por esse som; você se entrega ao mesmo, sendo atraído para dentro dele e sendo recriado por ele.

Depois há o silêncio. Quando você volta a ter consciência da cerimônia do templo, você se vê na forma etérica, em pé, diante do Sumo Sacerdote. Então de você sai a outra metade. Para cada homem existe uma mulher e para cada mulher existe um homem. Eles vivem dentro de nós.

Auriel dá um passo à frente, e Melquisedeque fica de lado. Você observa quando Auriel toma a mão do seu lado Feminino e a coloca na mão do seu lado Masculino. Auriel segura juntas as duas mãos e, depois, assopra sobre elas, unindo-as para toda a eternidade. Você observa sua metade masculina e sua metade feminina se voltarem uma para a outra e se abraçarem. As duas formas parecem fundir-se uma na outra — mesclando-se, mudando, girando — até que haja uma única figura com a essência de ambas. Na luz ao seu redor, você vê sutilmente o signo de Câncer. Você tem calafrios e sente a essência de ambas as metades mais uma vez dentro de si mesmo.

Melquisedeque adianta-se e põe vinho no Cálice Dourado; ele parte o pão em pedaços sobre o altar para todos os que esperam. À medida que o pão é passado adiante, com seu sabor vem a consciência de que você nunca mais carecerá de orientação amorosa. E, à medida que o vinho é abençoado e servido a todos, seu gosto enche a sua mente com o pensamento de que no amor não há divisão de fé!

Essas são partes dos Mistérios superiores que até agora você havia visto somente através de um véu. Você sente um toque suave em seus ombros. Está na hora de ir embora. Para o restante, você ainda não está preparado. Auriel leva você até a porta e as colunas gêmeas formadas pelas árvores. Você está cheio de uma sensação de paz.

Auriel dá um passo à frente, abraça-o e beija-o gentilmente na cabeça. Com esse beijo vem uma sensação de estranha alegria. Delicadamente, você ousa tocar esse ser magnífico com seu coração e sua mente, consciente de uma nova força no seu interior. Por um momento, a intensidade de sentimentos é demais para suportar, mas durante alguns breves segundos você sente que é uma coisa só com esse grande ser de luz: você sabe que a sua vida nunca mais será a mesma. A porta para o Templo Interior se fecha, mas você sabe que ela nunca mais estará trancada para você. Você sabe que ele será uma parte de todos os aspectos da sua vida para sempre, à proporção que você, por sua vez, o faz viver.

Posfácio

A ESCOLHA DO CRISTÃO GNÓSTICO MODERNO

"Eu amo àqueles que me amam; e os que me buscam me encontrarão."
Livro dos Salmos

Na Idade Média não era raro encontrar Cristãos Gnósticos rotulados de heréticos: eles eram presos e até mesmo condenados à morte. Nenhuma visão inusitada do Cristianismo teológico era aceita pela Igreja ou mesmo pelas pessoas comuns. A humanidade mudou desde então e, embora ainda existam os que se apegam à interpretação literal das escrituras, muitos situam o conhecimento que têm da interação divina nas limitações impostas pelo mundo.

O Cristo Jesus pregou a responsabilidade pessoal e a ação pessoal no desenvolvimento e na manifestação do Divino na vida das pessoas. A fé cega tem seu lugar, mas só depois que se desenvolveu transformando-se numa força verdadeira, e não como mero conceito que apóia a fé individual, que, na melhor das hipóteses, é imparcial. O Gnosticismo Cristão moderno nos ensina a experiência e o conhecimento pessoal do Divino na nossa vida. A humanidade se vê diante de muitas escolhas. O que escolhemos determina o nosso crescimento e o ambiente e experiência que iremos encontrar. É parte do nosso "livre-arbítrio", e ignorá-lo é ignorar as energias divinas que existem no mundo. Cada pessoa tem de fazer a própria escolha, de acordo com suas necessidades. É como aprendemos. É como crescemos. É como evoluímos.

O Cristianismo destinava-se a ser um sistema de mistério. Nas antigas tradições, o processo de iniciação passava por sete estágios. Esses podem ser expressos, de acordo com a terminologia "cristã" da seguinte forma:

1. *Nascimento* — o despertar do centro do coração; o controle do ego e do corpo físico.

2. *Batismo* — o despertar e florescer do chakra da laringe, o desenvolvimento da vontade criativa e o controle do corpo astral.

3. *Transfiguração* — o corpo inteiro e todos os seus centros energéticos são despertados e inundados por nova luz; os centros da cabeça abrem-se à nova visão e consciência espiritual.

4. *A Grande Renúncia* — (Sofrimento, Crucificação e Ressurreição) — nosso sofrimento e a superação do karma.

5. *Ascensão* — o iniciado torna-se adepto e se abre à plena consciência de todos os planos em todos os tempos.

6. *Senhor* — um que supervisiona grandes grupos de pessoas em seus estudos espirituais; pessoa envolvida com maior conhecimento do ocultismo planetário.

7. *Iniciação Crística* — capaz de compreender e de manejar as leis de um sistema solar; o tornar-se um deus "solar" (nos antigos mitos, as histórias de deuses solares era a mesma da dos filhos de Deus).

Estes sete passos foram mal-usados. Por isso, Jesus Cristo os dividiu em quatorze passos iniciáticos. O que, anteriormente, foram as iniciações do "Nascimento" e do "Batismo" foram elaboradas, desenvolvidas e atuadas de tal forma que o Feminino tivesse seu equilíbrio restaurado. Sem o pleno desenvolvimento do Feminino, nunca se poderia alcançar as iniciações superiores.

Das sete mencionadas acima, as primeiras duas são associadas com os Mistérios Femininos. (No sistema do Mistério de Cristo, elas foram divididas em sete etapas para ajudar a humanidade a entender seu significado e função.) As duas segundas eram associadas aos Mistérios Masculinos. (No sistema de Mistério do Cristo, elas foram subdivididas em sete etapas destinadas a facilitar à humanidade seu entendimento e conquista.)

A quinta iniciação é a Ascensão. A Ascensão é a fusão do masculino e do feminino. Quando aprendemos a fazer essa fusão, segue-se uma etapa mais elevada. Para os ocultistas, é interessante ver que o cinco envolve a fusão. Cinco é o número do microcosmo, de uma humanidade que reflete todas as forças divinas do universo. Só nos tornamos de fato o microcosmo do universo quando podemos equilibrar e fundir as forças masculinas e femininas interiores.

É sempre mais seguro não usar as escolhas disponíveis para nós. É mais fácil deixar que outra pessoa nos fale sobre a importância de um ensinamento. Temos de receber orientação, mas também existe um ponto em que temos de empreender nossos próprios esforços e depender da fonte da verdade que existe dentro de nós. Temos de buscar a nossa própria experiência pessoal do Divino.

Os Mistérios de Cristo foram executados num palco histórico a fim de imprimir na humanidade o caminho da iniciação para os que estivessem dispostos a irradiar essa energia. Não se trata de uma fuga à realidade da vida, mas de uma intensificação da nossa participação nela.

Segundo a tradição, há no mundo sete campos de serviço dos quais a pessoa pode participar sem transigir com os Mistérios para os quais se tornam receptivas:

1. *Política* — Embora muitas vezes considerado um trabalho de pessoas "não-espiritualizadas", ela implica o esforço de concretizar uma visão de vida planetária, uma compreensão mais cósmica da vida.

2. *Educação* — O processo de entender a si mesmo e de ajudar os outros

a se entenderem; o aprendizado de novos modos pelos quais se pode alcançar a iluminação interior.

3. *Filosofia e Comunicação* — Estas são a conseqüência do impulso de descobrir a sabedoria oculta de todos os fenômenos e os meios de compartilhá-la com os outros.

4. *Arte* — É o processo de aprender a criar sons, cores e outras harmonias como um meio de abrir e de lançar pontes entre os sentidos físicos e o aspecto intuitivo da nossa essência.

5. *Ciência* — É o processo de ir à procura das leis e princípios subjacentes aos fenômenos e manifestações físicas e de lutar para criar condições que facilitarão o avanço e a evolução do indivíduo.

6. *Religião* — É o processo de vida do aprendizado de relacionar-se com a Vida Divina ao nosso redor e de estabelecer contatos maiores e mais criativos com ela.

7. *Economia e Finanças* — Outra das atividades que poucos consideram espirituais, trata-se, de fato, do processo de compartilhar e de organizar a distribuição correta da energia e da matéria. O dinheiro é uma manifestação de energia.

Uma criança usa livros para progredir na escola. Todos os livros são importantes. O Gnóstico Cristão reconhece que todos os aspectos da vida têm importância. Tudo tem o seu "lado oculto" — até mesmo as religiões ortodoxas e o modo como escolhemos viver a nossa vida. Tudo se reflete bastante sobre o nosso crescimento espiritual. Com freqüência, diz-se que não se sabe onde a pessoa está no caminho espiritual enquanto não se obtém completa dedicação ao plano espiritual. O nível do discipulado é revelado.

Todos temos de aprender a começar do ponto em que estivermos. Temos a opção de aceitar as coisas pelo seu valor real ou de reconhecer que pode haver um significado subjacente. Todos os ensinamentos, todas as experiências têm valor. Algumas são mais fáceis de discernir do que as outras, mas todas servem a um propósito. A verdade é a verdade, quer seja encontrada no Corão, na Bíblia ou nas experiências da nossa própria vida. Não existe uma verdade cristã, uma verdade hindu ou judaica. A verdade chega por meio do conhecimento pessoal da alma e através da experiência. Ela toca todas as vidas. Quando a humanidade limita suas percepções ao superficial, optamos por excluir de nós mesmos os aspectos do Divino. É o que o Gnóstico Cristão reconhece e procura superar por meio da sua ciência: "O ocultismo é mais do que uma ciência a ser perseguida objetivamente; ele também nos dá uma filosofia de vida derivada da experiência; e é esse aspecto filosófico, ou até mesmo religioso, que atrai a maioria dos que devotam sua vida a ele... [o buscador] não é mais um dependente da fé [cega]. Ele teve sua experiência pessoal e, a partir dessa experiência, tende a formular uma crença religiosa na qual ele mesmo aspira compartilhar do trabalho usualmente atribuído aos santos e anjos, bem como aos mensageiros de Deus."[17]

A vida não é uma vida que restringe. Um deus não é um deus que segrega. A verdade pode estar em todo lugar. É um dom do Divino o fato de a humanidade ter liberdade para procurá-la. Essa busca traz a luz. Esse é o objetivo do gnóstico. Esse é o objetivo do ocultista: deixar a verdade menos oculta. Revelar a verdade e a luz em todas as formas — com amor — é uma nobre realização. Tornar-se um Cristão Oculto é levar uma vida cheia de nobreza.

---

17. Fortune, p. 11.

Apêndice A

LEITURAS E FONTES DO ASPECTO HISTÓRICO DAS ESCRITURAS

Os seguintes escritores, contemporâneos e pós-contemporâneos dos evangelhos, deram muita informação relativa à validade dos evangelhos, partindo de uma perspectiva histórica.

Inácio da Antioquia
Irineu (*Proof of Apostolic Teaching* e *Against Heretics*)
Clemente de Alexandria
Hipólito
Orígenes
Justino o Mártir (*Diálogo com Trifo* e *A Defesa dos Cristãos*)
Flávio Josefo (*As Guerras Judaicas* e *Antiguidades Judaicas*)
Textos do Talmude (100-150 d.C.)

Plínio, o Moço (*Carta ao Imperador a Respeito dos Cristãos*)
Cornélio Tácito (*Anais*)
Seutônio (*Vida dos Césares*)
Tertuliano
Marcião
Basilides (todos escritores pagãos ou heréticos)
Luciano
Celso
Os Manuscritos do Mar Morto
Muratorian Fragment (escritos da Igreja durante a segunda metade do século II)

Apêndice B

LEITURAS E FONTES
PARA O MISTICISMO DO
CRISTO CÓSMICO

O Cristo Cósmico foi mencionado pelos místicos e pelos textos das escrituras. A maioria se refere ao Cristo como o aspecto Amor-Sabedoria do Divino, mas eles são um e o mesmo. Há muitas conotações do Cristo Cósmico na escritura da Bíblia, referências que implicam uma cosmologia do misticismo que com freqüência passa despercebida ou é ignorada nos dias de hoje. Todos os contos sobre anjos e referências na Bíblia implicam uma cosmologia do universo que supera a teologia histórica das escrituras. A Bíblia é um dos maiores trabalhos de angelologia disponível à humanidade, mas referências feitas aos anjos e frases como "glória", "nuvens", "Senhor", "demônio" também implicam uma cosmologia mística maior, embora oculta dentro do Cristianismo. As seguintes referências das próprias escrituras refletem o conceito do Cristo Cósmico como o epítome da Força Divina do Amor-Sabedoria do universo:

Jó 28:12

Provérbios 1:20-33

O Livro da Sabedoria

O Siracides 24

Jeremias 23:23-24

Isaías 11

I Coríntios 1:30

Filipenses 2:1-24

2 Pedro 1:4

Romanos 8:14-39

Efésios 1:3-14

João 1:1-18

Apocalipse

Colossenses 1:15-20

"A sabedoria é gloriosa e nunca desaparece: sim, ela é facilmente vista pelos que a amam."

Livro de Salomão 4:12

Segue-se uma lista de místicos e gnósticos cristãos e outros escritores que, ao longo dos anos, se referiram a uma maior cosmologia e importância dos eventos das escrituras da teologia cristã ortodoxa em seus livros:

Justino o Mártir
(especialmente na sua *Apologia*)
Clemente da Alexandria
Filo
Plínio, o Moço
Flávio Josefo
Basílio de Cesaréia
Gregório Nisseno

Atanásio
Hildegard von Bingen
Jacob Boehme
Francisco de Assis
Tomás de Aquino
Meister Eckhart
Teilhard de Chardin
São João, o Divino

Bibliografia

Bailey, Alice. *Esoteric Astrology*. Nova York: Lucis Publishing, 1975.

Besant, Annie. *Esoteric Christianity*. Illinois: Theosophical Publishing, 1966. [*O Cristianismo Esotérico*, Editora Pensamento, São Paulo, 1978.]

_____. *Path of Discipleship*. Índia: Theosophical Publishing, 1980. [*O Caminho do Discipulado*, Editora Pensamento, São Paulo, 1987.]

Bolen, Jean Shinoda. *Goddesses in Every Woman: A New Psychology of Women*. Califórnia: Harper and Row, 1984.

Burman, Edward. *The Templars: Knights of God*. Reino Unido: Thorsens Publishing, 1986.

Burt, Kathleen. *Archetypes of the Zodiac*. St. Paul: Llewellyn Publications, 1988. [*Arquétipos do Zodíaco*, Editora Pensamento, São Paulo, 1993.]

Campbell Joseph, e Bill Moyers. *The Power of Myth*. Nova York: Doubleday, 1988.

Campbell, Joseph. *Myths, Dreams and Religion*. Texas: Spring Publishing, 1970.

Canon Law Society. *Code of Canon Law*. Inglaterra: Collins Publishing, 1983.

Cooper, J. C. *Symbolism*. Northamptonshire: Aquarian Press, 1982.

Cox, Michael. *Handbook of Christian Mysticism*. Grã-Bretanha: Crucible Publishing, 1983.

Dart, John. *The Jesus of Heresy and History*. Califórnia: Harper and Row, 1988.

de Coppens, Peter Roche. *The Nature and Use of Ritual*. St. Paul: Llewellyn Publications, 1985.

Delaforge, Gaetan. *The Templar Tradition in the Age of Aquarius*. Vermont: Threshold Books, 1987.

Fortune, Dion. *Sane Occultism*. Northamptonshire: Aquarian Press, 1979.

_____. *Aspects of Occultism*. Nova York: Weiser Publications, 1979.

_____. *Practical Occultism in Daily Life*. Northamptonshire: Aquarian Press, 1981.

_____. *The Training and Work of an Initiate*. Northamptonshire: Aquarian Press,

1981. *[Preparação e Trabalho do Iniciado*, Editora Pensamento, São Paulo, 1967.]

Fox, Emmet. *The Sermon on the Mount*. Nova York: Harper Brothers, 1938.

Fox, Matthew. *The Coming of the Cosmic Christ*. Califórnia: Harper and Row, 1988.

Foy, Felician. *1984 Catholic Almanac*. Indiana: Sunday Visitor, Inc., 1984.

Frazer, James G. *Folklore in the Old Testament*. Nova York: Avenel Books, 1988.

Furst, Jeffrey. *The Story of Jesus*. Nova York: Berkeley Books, 1971.

Graham, Lloyd. *Deceptions and Myths of the Bible*. Nova York: Bell Publishing, 1979.

Graves, Kersey. *The World's Sixteen Crucified Saviors*. Nova York: Truth Seeker Company, 1960.

Hall, Manly P. *The Mystical Christ*. Los Angeles: Philosophical Research Society, 1951.

_____. *The Twelve World Teachers*. Los Angeles: Philosophical Research Society, 1965.

_____. *Man — Grand Symbol of the Mysteries*. Los Angeles: Philosophical Research Society, 1972.

_____. *The Secret Teachings of All Ages*. Los Angeles: Philosophical Research Society, 1977.

_____. *Lectures on Ancient Philosophy*. Los Angeles: Philosophical Research Society, 1984.

Harding, M. Esther. *The Woman's Mysteries*. Califórnia: Harper and Row, 1971.

Hartley, Christine. *The Western Mystery Tradition*. Northamptonshire: Aquarian Press, 1986.

Heindel, Max. *The Rosicrucian Cosmo-Conception: Mystic Christianity*. Califórnia: Rosicrucian Fellowship, 1973.

_____. *Ancient and Modern Initiation*. Califórnia: Rosicrucian Fellowship, 1986.

Heline, Corinne. *New Age Bible Interpretation. Vol. IV-VII*. Califórnia: New Age Press, 1961.

_____. *Mythology and the Bible*. Califórnia: New Age Press, 1972.

_____. *Questions and Answers on the Bible*. Califórnia: New Age Press.

_____. *The Blessed Virgin Mary: Her Life and Mission*. Califórnia: New Age Press, 1986.

Heline, Theodore, *The Dead Sea Scrolls*. Califórnia: New Age Press, 1980.

Hick, John. *Philosophy and Religion*. Nova Jersey: Prentice-Hall, 1973.

Hodson, Geoffrey. *The Hidden Wisdom of the Bible. Vol. 1-4*. Theosophical Research, 1980.

Hoeller, Stephen. *The Gnostic Jung.* Illinois: Quest Books, 1982.

Jeffers, Joseph. *Yahweh — Yesterday, Today and Tomorrow.* Nova York: Vantage Press, 1974.

Jombart, Emille. *Catechism of the Vows,* Nova York: Benziger Brothers, 1945.

Jung, Carl. *Psychology and Alchemy.* Nova York: Princeton University Press, 1953.

_____. "Transformational Symbolism in the Mass" em *The Psychology of Religion West and East.* Nova York: Princeton University Press.

Kittler, Glenn. *Edgar Cayce on the Dead Sea Scrolls.* Nova York: Warner Books, 1971.

Knight, Gareth. *The Rose Cross and the Goddess.* Nova York: Destiny Books, 1985.

_____. *Experience of the Inner Worlds.* Londres: Helios Books, 1975.

Lamsa, George M., org. *The Holy Bible From Ancient Eastern Manuscripts.* Tennessee: Holman Bible Publishing, 1981.

_____. *Idioms in the Bible: Explained and a Key to the Original Gospels.* Califórnia: Harper and Row, 1985.

Leadbeater, C. W. *Science of the Sacraments.* Índia: Theosophical Publishing, 1980.

_____. *Ancient Mystic Rites.* Illinois: Theosophical Publishing, 1986.

Levi. *The Aquarian Gospel of Jesus the Christ.* Califórnia: DeVorss Publishing, 1964.

Lewis, H. Spencer. *The Mystical Life of Jesus.* Califórnia: Rosicrucian Fellowship, 1929.

_____. *The Secret Doctrines of Jesus.* Califórnia: Rosicrucian Fellowship, 1937.

Lofthus, Myrna. *A Spiritual Approach to Astrology: A Complete Textbook of Astrology.* Nevada: CRCS Publishing, 1983.

McCafferty, Ellen Conroy. *The Astrological Key to Biblical Symbolism.* Nova York: Weiser Publications, 1975.

McDermott, Robert A. *The Essential Rudolph Steiner.* Nova York: Harper and Row, 1984.

Meyer, Marvin, org. *The Ancient Mysteries: A Sourcebook.* Califórnia: Harper and Row, 1987.

Moltmann-Wendel, Elisabeth. *The Women Around Jesus.* Nova York: Crossroads Press, 1986.

Moran, Gabriel. *The Theology of Revelation.* Nova York: Herder and Herder, 1966.

Oken, Alan. *Complete Astrology.* Nova York: Bantam Books, 1980.

Parrinder, Geoffrey. *World Religions.* Nova York: Facts on File Publishing, 1971.

Pine-Coffin, R. S. *Confessions of St. Augustin.* Nova York: Dorset Press, 1961.

Platt, Rutherford H., org. *The Lost Books of the Bible*. Nova York: Bell Publishing, 1979.

_____. *Forgotten Books of Eden*. Nova York: Bell Publishing, 1980.

Prophet, Elizabeth Clare. *The Lost Years of Jesus*. Califórnia: Summit Press, 1984.

Schure, Edouard. *The Great Initiates*. Califórnia: Harper and Row, 1961.

_____. *From the Sphinx of the Christ*. Califórnia: Harper and Row, 1970.

Steiner, Rudolph. *The Festivals and the Meanings*. Londres: Steiner Press, 1981.

_____. *The Four Seasons and the Archangels*. Londres: Steiner Press, 1984.

_____. *Cosmic Memory*. Califórnia: Harper and Row, 1959.

_____. *The Appearance of the Christ in the Etheric*. Nova York: Anthroposophical Press, 1983.

_____. *The Spiritual Hierarchies & Their Reflection in the Physical World*. Nova York: Anthroposophical Press, 1983.

Stewart, R. J. *The Underworld Initiation*. Northamptonshire, Aquarian Press, 1985.

Stone, Merlin. *Ancient Mirrors of Womanhood*. Boston: Beacon Press, 1979.

Szekely, Edmond. *The Essene Gospel of Peace*. International Biogenic Society, 1981. [*O Evangelho Essênio da Paz*, Editora Pensamento, São Paulo, 1996.]

Taylor, Thomas. *Iamblichus on the Mysteries*. San Diego: Wizard's Bookshelf, 1984.

Waite, A. E. *The Holy Kaballah*. Nova Jersey: Citadel Press, 1976.

Para Escrever ao Autor

Se você quiser entrar em contato com o autor ou desejar mais informações sobre este livro, por favor envie sua carta aos cuidados de Llewellyn Worldwide e nós faremos com que ela chegue às suas mãos. Tanto o autor quanto o editor gostariam de ouvi-lo e de constatar o seu prazer com a leitura deste livro e de saber de que forma ele o ajudou. Llewellyn Worldwide não pode garantir que toda carta escrita ao autor será respondida, no entanto, todas serão entregues. Por favor escreva para:

Ted Andrews
c/o Llewellyn Worldwide
P.O. Box 64383-019, St. Paul, MN 55164-0383, U.S.A.

Inclua um envelope selado para a resposta ou 1 dólar para cobrir as despesas. Se escrever do exterior, inclua o selo de resposta internacional.

CATÁLOGO GRATUITO
DA LLEWELLYN WORLDWIDE

Há mais de 90 anos, a editora Llewellyn Worldwide traz aos seus leitores conhecimento nos campos da metafísica e do potencial humano. Conheça os mais recentes livros sobre orientação espiritual, cura material, astrologia, filosofia ocultista e muito mais. Receba revistas sobre livros, artigos sobre a nova era, um calendário de eventos e mais os anúncios de produtos e serviços. Para obter seu exemplar gratuito de *The Llewellyn's New Worlds of Mind and Spirit*, mande seu nome e endereço para o endereço acima.

Sobre o Autor

Ted Andrews é escritor, estudioso e mestre nos campos da metafísica e da espiritualidade. Ele dá seminários, simpósios, cursos e palestras por todo o país sobre as várias faces do antigo misticismo, e dedica-se à tradução de textos esotéricos para torná-los mais claros e práticos. Para isso ele estuda as escrituras, a literatura e os ensinamentos antigos e os sintetiza para que sirvam àqueles que procuram conhecimento espiritual em nossos dias.

Ted é diplomado em hipnose e acupressura, e estuda e pratica a fitoterapia, como um caminho de cura alternativo. Atua no campo da cura holística, dedicando-se seriamente à cura esotérica por meio do som, da música e da voz. Além de ser exímio pianista, Ted também toca a harpa celta, flauta de bambu, os chocalhos dos xamãs, os sinos tibetanos e a tigela sonora tibetana e as tigelas de cristal de quartzo, em sessões individuais de cura e para induzir estados mais elevados de consciência.

Ted é clarividente e trabalha com análise e síntese de vidas passadas, leitura da aura, interpretação de sonhos, numerologia e tarô. Ele ensina e pratica antigas técnicas para acelerar e desenvolver um potencial individual latente. Escreve para várias revistas de metafísica, tendo artigos publicados sobre vários temas. Entre eles estão "Cristianismo Oculto", "Trabalho com Nossos Irmãos Angélicos" e "Os Espelhos Metafísicos dentro da Nossa Vida".